DISCLAIMER

The author and publisher are providing this book and its contents on an "as is" basis and make no representations or warranties of any kind with respect to this book or its contents. The author and publisher disclaim all such representations and warranties, including but not limited to warranties of merchantability. In addition, the author and publisher do not represent or warrant that the information accessible via this book is accurate, complete, or current.

Except as specifically stated in this book, neither the author nor publisher, nor any authors, contributors, or other representatives will be liable for damages arising out of or in connection with the use of this book. This is a comprehensive limitation of liability that applies to all damages of any kind, including (without limitation) compensatory; direct, indirect, or consequential damages; loss of data, income, or profit; loss of or damage to property; and claims of third parties.

This Book Comes With Free Bonus Puzzles
Available Here:

BestActivityBooks.com/WSBONUS20

5 TIPS TO START!

1) HOW TO SOLVE

The Puzzles are in a Classic Format:

- Words are hidden without breaks (no spaces, dashes, ...)
- Orientation: Forward & Backward, Up & Down or in Diagonal (can be in both directions)
- Words can overlap or cross each other

2) ACTIVE LEARNING

To encourage learning actively, a space is provided next to each word to write down the translation. The **DICTIONARY** allows you to verify and expand your knowledge. You can look up and write down each translation, find the words in the Puzzle then add them to your vocabulary!

3) TAG YOUR WORDS

Have you tried using a tag system? For example, you could mark the words which have been difficult to find with a cross, the ones you loved with a star, new words with a triangle, rare words with a diamond and so on...

4) ORGANIZE YOUR LEARNING

We also offer a convenient **NOTEBOOK** at the end of this edition. Whether on vacation, travelling or at home, you can easily organize your new knowledge without needing a second notebook!

5) FINISHED?

Go to the bonus section: **MONSTER CHALLENGE** to find a free game offered at the end of this edition!

Want more fun and learning activities? It's **Fast and Simple!**
An entire Game Book Collection just **one click away!**

Find your next challenge at:

BestActivityBooks.com/MyNextWordSearch

Ready, Set... Go!

Did you know there are around 7,000 different languages in the world? Words are precious.

We love languages and have been working hard to make the highest quality books for you. Our ingredients?

A selection of indispensable learning themes, three big slices of fun, then we add a spoonful of difficult words and a pinch of rare ones. We serve them up with care and a maximum of delight so you can solve the best word games and have fun learning!

Your feedback is essential. You can be an active participant in the success of this book by leaving us a review. Tell us what you liked most in this edition!

Here is a short link which will take you to your order page.

BestBooksActivity.com/Review50

Thanks for your help and enjoy the Game!

Linguas Classics Team

1 - Antiques

```
Y  H  L  E  I  R  O  R  C  I  A  I  B  J  I  U
Z  E  L  P  Q  K  C  Z  E  J  R  B  U  N  U  R
I  E  U  X  R  U  L  G  R  Z  W  W  D  H  T  S
D  D  D  W  A  S  N  A  F  A  E  O  D  T  A  H
U  A  D  W  A  G  E  D  L  C  R  B  S  I  R  P
A  G  R  D  I  L  Y  S  U  E  T  M  O  A  M  M
E  D  A  N  I  A  C  M  N  L  H  F  D  W  B  S
I  G  F  C  A  K  S  K  K  F  I  U  D  M  L  H
D  S  L  E  G  U  M  O  K  T  A  F  I  E  B  P
L  E  O  N  R  R  A  H  K  H  N  E  A  G  W  H
C  A  N  R  I  F  N  R  M  W  T  J  D  C  L  F
E  O  R  D  M  O  A  W  I  G  W  E  R  T  H  K
Y  G  U  V  X  H  N  J  V  A  Q  W  Z  G  S  T
N  C  D  L  O  R  E  F  R  A  N  A  N  B  M  A
F  X  D  R  E  W  H  N  F  E  R  D  O  D  D  E
K  L  A  T  B  K  F  L  Q  K  H  R  L  R  N  P
```

CELF	BUDDSODDIAD
ARWERTHIANT	GEMWAITH
DILYS	HEN
CANRIF	PRIS
DARNAU ARIAN	ANSAWDD
DEGAWDAU	ADFER
ADDURNOL	CERFLUN
CAIN	ARDDULL
DODREFN	ANARFEROL
ORIEL	GWERTH

2 - Food #1

```
T  L  W  A  C  S  Z  I  Y  L  O  T  W  S  O  D
A  I  P  K  D  G  I  L  L  A  E  T  H  V  M  L
C  S  W  O  D  A  U  W  K  S  C  T  N  P  A  N
Q  A  V  N  I  R  N  N  G  J  F  W  V  G  I  X
D  B  B  O  A  L  G  Q  I  R  G  A  L  X  P  K
C  Y  I  M  H  L  K  F  O  O  O  K  H  T  F  O
E  R  Y  E  Q  E  O  O  F  I  N  M  O  R  O  N
Q  N  D  L  H  G  J  M  A  Y  O  O  U  J  N  D
I  R  C  J  Y  V  A  P  X  Q  C  T  H  L  U  G
D  F  J  P  W  K  H  G  E  L  L  Y  G  E  L  Z
V  W  L  A  H  F  A  F  N  G  Q  T  I  R  L  B
S  A  U  K  E  Q  L  S  B  I  G  O  G  L  Y  S
A  M  B  P  R  Q  E  Q  N  D  W  G  J  R  C  R
L  M  E  F  U  S  N  O  M  A  N  I  S  H  I  F
A  Z  S  F  G  C  N  A  U  D  A  E  A  R  R  C
D  D  U  S  R  A  X  I  L  R  C  P  U  R  B  D
```

BRICYLL	CNAU DAEAR
HAIDD	GELLYG
BASIL	SALAD
MORON	HALEN
SINAMON	CAWL
GARLLEG	SBIGOGLYS
SUDD	MEFUS
LEMON	SIWGR
LLAETH	TIWNA
UNION	MAIP

3 - Measurements

```
H  S  D  B  Q  Z  D  H  G  B  C  P  C  V  S  P
M  O  D  F  E  D  D  W  H  E  J  Y  K  M  B  H
N  J  F  R  J  X  Q  O  S  I  I  F  F  A  Z  S
M  U  N  U  D  W  F  Z  F  T  M  K  N  R  F  X
X  V  F  M  W  D  O  S  À  M  F  W  T  G  O  U
C  P  R  X  P  E  I  N  T  W  K  Z  I  O  N  L
G  R  A  D  D  X  J  W  A  T  M  N  D  L  I  E
R  E  D  N  F  Y  D  O  M  F  N  S  V  I  I  N
T  D  P  W  Y  S  A  U  E  Q  L  E  F  C  P  S
I  H  Q  L  G  Q  E  S  S  D  J  O  S  R  I  C
L  C  O  J  C  L  Z  G  U  Z  X  G  N  J  P  T
F  U  D  Z  O  L  T  L  R  X  J  T  M  A  R  G
A  S  Y  E  C  E  T  O  Y  N  W  Q  Q  T  C  P
V  K  H  V  G  D  I  P  D  T  U  N  N  E  L  L
W  O  P  Q  T  O  B  O  D  L  W  R  L  K  Y  T
J  W  L  E  K  I  L  T  B  Q  D  V  I  W  X  H
```

BEIT	LITR
CANOLFAN	MÀS
DEGOL	MESURYDD
GRADD	MUNUD
DYFNDER	OWNS
GRAM	PEINT
UCHDER	TUNNELL
MODFEDD	CYFROL
CILOGRAM	PWYSAU
HYD	LLED

4 - Farm #2

```
A M F F R W Y T H I L L K R H A
Z N E D A Y W H C Q L G A T Z E
Y M I B E R L L A N Y O R M A D
N S P F W R O B U G S Y Y F A D
R W M R E F F V G O I T L Y K F
Y T W V S I O F Z G A K D X U E
Z R T P M S L A B Y U X Ô O N D
S I V T R K C I N D G C L E Z B
N G K Y O T I C A D E F A I D U
L L A E T H G O D I G B D N C G
K L C R C X O R Y A D D I X H A
O L F C A L E N F H U H O S E I
Y X D M R G N O R I X E H H G L
E H T B T J O P H G W E N I T H
S F C T R L C W A B W Y D M L X
Z D S H A N M Z U L N O C G N V
```

ANIFEILIAID   LAMA
HAIDD   DÔL
YSGUBOR   LLAETH
CORN   BERLLAN
HWYADEN   AEDDFED
FFERMWR   DEFAID
BWYD   BUGAIL
FFRWYTH   TRACTOR
DYFRHAU   LLYSIAU
CIG OEN   GWENITH

5 - Books

```
C Y D D E S T U N D D Z Y Y V A
T U D A L E N N D D T O R I I N
W H R L Q L F J L Y R H N E W T
H G E R H N C B E N A E K I T U
T A C X I T I F N E S P P C O R
E L L E N Y D D O L I I E C T L
A W D B D A W A C L G G R K X Q
I K L V U E V I H R B O T T C Q
N O F E L D U C J A H L H Z A J
O H W R W D D O R D A R N N S J
D J Y V W G B S L B A V A S G I
D N J D V P A K O I G Z S T L S
R U D W A J L P V D A A A O O I X
A K R I G Y U H J Z D E L R A W
B H A N E S Y D D O L I T I D G
Y S G R I F E N E D I G Z H E C
```

ANTUR
AWDUR
CASGLIAD
CYD-DESTUN
DEUOLIAETH
EPIG
HANESYDDOL
DONIOL
BUDDSODDI
LLENYDDOL

ADRODDWR
NOFEL
TUDALEN
CERDD
BARDDONIAETH
DARLLENYDD
PERTHNASOL
STORI
TRASIG
YSGRIFENEDIG

6 - Meditation

```
C D E G L U R D E R Y D D B F W
T A I R U T S O T D Y L F B L P
K Q R S A R F E R I O N K A O N
H Z R E T M E D D W L D U H R E
B C U L D A N A R Y B J A C F X
I M A F A I W O A D J M N W F P
V D I O G U G R O J H B Y R E I
X B L Y Z R X R W I C A I A S L
F A Y R N L Y F W Y W D S G A I
M E D D Y L I O L Y D W O H F D
H T D W U C V B Z H D D M C B D
U N E W T Q N Y B R E D E L W Y
S Y M U D I A D S O H N E O Y S
E N A T U R B F A L F G B I N G
O H W F J E P F C B P F D D T U
C E R D D O R I A E T H B N G E
```

DERBYN

EFFRO

ANADLU

DAWEL

EGLURDER

TOSTURI

EMOSIYNAU

DIOLCHGARWCH

ARFERION

CAREDIGRWYDD

MEDDYLIOL

MEDDWL

SYMUDIAD

CERDDORIAETH

NATUR

HEDDWCH

SAFBWYNT

DISTAWRWYDD

MEDDYLIAU

I DDYSGU

7 - Days and Months

```
W  B  I  Q  C  D  Y  D  D  G  W  E  N  E  R  E
T  D  D  U  A  I  D  D  Y  D  F  A  N  N  D  T
T  R  D  Q  L  X  I  S  D  Y  X  P  R  C  G  Y
G  C  E  V  E  L  D  Y  D  D  M  A  W  R  T  H
V  R  W  A  N  O  I  Z  W  S  E  A  D  P  S  E
T  U  H  X  D  O  O  R  Y  D  I  L  A  P  W  C
W  M  C  S  R  M  C  D  B  V  C  R  S  P  A  S
D  Y  A  A  E  S  W  H  O  E  H  Y  D  R  E  F
Y  S  T  U  R  F  Z  D  W  E  J  U  D  P  N  F
D  M  O  H  B  Y  S  Y  S  E  U  P  Y  F  Z  N
D  L  N  T  N  E  J  D  Q  F  F  S  D  X  E  A
L  B  V  R  D  O  X  D  W  U  C  R  M  E  D  I
L  N  F  W  Z  O  S  S  J  B  L  Q  O  F  D  V
U  J  M  A  N  M  I  U  P  B  I  N  L  R  G  R
N  S  H  M  K  F  M  L  B  L  W  Y  D  D  Y  N
G  O  R  F  F  E  N  N  A  F  D  B  P  L  F  D
```

EBRILL	TACHWEDD
AWST	HYDREF
CALENDR	DYDD SADWRN
CHWEFROR	MEDI
DYDD GWENER	DYDD SUL
IONAWR	DYDD IAU
GORFFENNAF	DYDD MAWRTH
MAWRTH	WYTHNOS
DYDD LLUN	BLWYDDYN
MIS	

8 - Energy

```
Y  I  A  M  C  W  T  X  V  Y  B  A  T  R  I  O
A  M  G  Y  L  C  H  E  D  D  G  S  S  E  W  R
D  I  E  S  E  L  E  N  T  R  O  P  I  T  X  K
A  K  N  W  Y  P  F  F  O  T  O  N  P  A  W  B
D  D  E  R  G  Y  L  L  V  Y  I  L  G  N  N  C
Y  T  N  A  I  D  Y  W  I  D  B  S  V  G  O  G
V  T  N  E  G  O  R  D  Y  H  M  O  D  U  R  W
T  Z  I  L  W  A  O  Z  W  G  S  B  X  N  T  R
A  J  B  C  W  Y  S  W  B  E  K  Q  Q  X  C  E
N  E  R  W  W  V  D  O  V  F  F  S  B  N  E  S
W  N  Y  I  G  F  Q  D  L  K  X  J  C  E  L  P
Y  Q  T  N  O  W  T  N  A  I  R  I  E  P  E  A
D  O  G  I  Q  A  Y  Y  Z  D  N  A  D  Y  R  T
D  K  S  F  Z  U  T  N  Z  J  W  E  T  V  I  S
C  A  R  B  O  N  P  A  T  B  E  Y  R  K  W  H
T  R  V  T  G  I  F  Y  W  X  H  D  T  Y  J  R
```

BATRI	GWRES
CARBON	HYDROGEN
DIESEL	DIWYDIANT
TRYDAN	MODUR
ELECTRON	NIWCLEAR
PEIRIANT	FFOTON
ENTROPI	LLYGREDD
AMGYLCHEDD	ADNEWYDDADWY
TANWYDD	TYRBIN
GASOLINE	GWYNT

9 - Chess

```
I  X  J  Z  D  I  H  R  C  J  B  C  V  Y  G  B
Q  Z  S  H  X  U  G  O  D  D  E  F  O  L  W  L
G  S  C  P  O  G  R  J  W  Z  A  Z  G  X  R  L
Ê  V  B  W  Q  S  H  H  T  R  E  B  A  O  T  E
M  U  I  Q  Q  Y  O  E  E  Q  B  T  H  L  H  T
S  D  Y  K  H  D  R  N  R  R  O  S  L  F  L  W  R
T  V  K  T  V  D  S  L  W  I  L  Q  P  C  Y  A
Z  U  E  H  N  I  N  E  R  B  A  A  X  H  N  W
T  W  R  N  A  M  A  I  N  T  F  U  U  W  E  S
H  T  E  A  U  E  L  D  A  T  S  Y  G  A  B  Y
T  F  S  T  R  A  T  E  G  A  E  T  H  R  Y  B
M  L  M  P  E  N  C  A  M  P  W  R  C  A  D  P
U  U  A  I  T  N  Y  W  P  X  E  X  H  E  D  O
B  R  E  N  H  I  N  E  S  Y  U  N  Y  W  G  H
H  L  I  Z  N  O  L  R  I  L  P  Y  B  R  R  N
S  W  J  H  K  X  J  P  M  T  F  T  R  U  K  I
```

DU
HERIAU
PENCAMPWR
GYSTADLEUAETH
LLETRAWS
GÊM
BRENIN
GWRTHWYNEBYDD
GODDEFOL
CHWARAEWR

PWYNTIAU
BRENHINES
RHEOLAU
ABERTH
STRATEGAETH
AMSER
I DDYSGU
TWRNAMAINT
GWYN

10 - Archeology

```
H Y N A F I A E T H X N O B N Y
C Y F N O D A R B E N I G W R M
G W R T H R Y C H A U Q M L R C
D I S G Y N N Y D D D E B Z G H
A N H Y S B Y S X M I P D G N W
W D A I D D I E R A W G V L N I
D E D Q H E C M S A G Y V O T L
G I O P X T Y R Q G R Z G F S Y
A W R U A D A I D D Y F N A C D
N N E G Q W P R C P B R J N V D
G V B R E D K M F D G I N Y T R
H F M Î T L I S O F F A W H O X
O Y J T N H W S R O O R W Z T L
F W B H Q D U C N W H C O V M R
I K D E M L P S H C R B B Q F I
O H R D A I D D O S N A D A D Y
```

DADANSODDIAD

HYNAFOL

HYNAFIAETH

ESGYRN

GWAREIDDIAD

DISGYNNYDD

CYFNOD

GWERTHUSO

ARBENIGWR

CANFYDDIADAU

ANGHOFIO

FFOSIL

DIRGELWCH

GWRTHRYCHAU

CRAIR

YMCHWILYDD

TÎM

DEML

BEDD

ANHYSBYS

11 - Food #2

```
S G K U Z S Y T B Z D Z O D F M
I W O I W J Q S R T E C V M S A
O E L A F A M X O S O Z I N C D
C N T R N R G K C I B M I M G A
L I X T E A X F O P U P A C L R
E T G I M E N Z L Y W A H T G C
D H E S G D H A I S Y M G A O H
X S O I R I E C B G P C C W H F
Q V D O A B R S R O S T I V A Q
Q S Z G W J U M M D Z W O V M Q
Q M B V N S E L E R I G G U R I
E E O S W A C Z O G H S W N J Z
N J S L I W I C U T E D R H H Z
F V F V N E C Y W I Â R T T Q G
R D O E W J R E G G P L A N T P
E Y R K Y I J G E D K L E I X J
```

AFAL	EGGPLANT
ARTISIOG	PYSGOD
BANANA	GRAWNWIN
BROCOLI	HAM
SELERI	CIWI
CAWS	MADARCH
CEIRIOS	REIS
CYW IÂR	TOMATO
SIOCLED	GWENITH
WY	IOGWRT

12 - Chemistry

```
H  U  Q  V  R  K  H  B  R  A  E  L  C  W  I  N
H  Y  T  F  X  W  Y  I  O  N  N  Z  N  X  Y  E
O  A  D  D  Y  L  A  T  A  C  S  M  O  N  P  G
L  N  O  R  T  C  E  L  E  A  Y  L  O  V  Z  I
P  G  L  M  O  Q  W  Z  M  D  M  L  U  J  D  S
T  Z  D  S  S  G  C  A  R  B  O  N  D  S  B  C
A  Y  X  Q  T  S  E  R  W  G  O  H  B  V  D  O
W  T  M  F  G  Y  M  N  Q  A  C  F  Y  M  D  N
J  O  O  H  D  W  H  E  N  U  S  H  Y  L  I  F
O  Y  E  M  E  J  I  L  D  A  I  Z  X  W  A  B
R  G  W  K  I  R  V  A  N  R  W  W  I  I  Ï  W
C  B  Z  K  O  G  E  H  W  L  W  M  P  C  L  Z
O  R  G  A  N  I  G  D  Y  W  N  S  D  E  A  O
C  L  O  R  I  N  L  I  D  R  H  M  I  L  C  M
P  W  Y  S  A  U  B  N  A  U  X  Q  D  O  L  B
T  U  L  D  H  O  A  S  I  D  I  G  L  M  A  K
```

ASID	HYDROGEN
ALCALÏAIDD	ION
ATOMIG	HYLIF
CARBON	MOLECIWL
CATALYDD	NIWCLEAR
CLORIN	ORGANIG
ELECTRON	OCSIGEN
ENSYM	HALEN
NWY	TYMHEREDD
GWRES	PWYSAU

13 - Music

```
C R W N A C B T R A M R D F Q C
Q O T C R F D E L A B B D H H E
H D F U E G F L C O R W S G J R
A D L N P V S Y Q O F A A P C D
R R L A O Z L N U K A V E L F D
M E E C O D V E P X Z T O S A O
O C I Z H U I G I M H T Y H R R
N K S O K B N O N N V Y C U Z O
I G I U E K S L F N R B H N M L
W X O A H A R M O N I G T V Q P
Y P L D L O N O D D R A B O K X
E P Z H N B C L A S U R O L G P
E E G P A X W E C L E C T I G D
R Q D Z X O G M D P X C O T P W
K R H Y T H M N S B R B O N Y O
M E I C R O F F O N B M F L G I
```

ALBWM	CERDDOROL
BALED	CERDDOR
CORWS	OPERA
CLASUROL	BARDDONOL
ECLECTIG	COFNODI
HARMONIG	RHYTHM
HARMONI	RHYTHMIG
TELYNEGOL	CANU
ALAW	CANWR
MEICROFFON	LLEISIOL

14 - Family

```
W K M F Y A T N A L P E F E M O
L E B Y Y C U A M A M P U L V D
M P A J W H V F I M S D E Y T L
E G S D Y S Q U R D V E B E J H
R R B X R G Ŵ R H Y N A F I A D
C C R R E A Ŵ H C C K W P I G R
H N H A S N Y T N E L P M W W B
T U G J R Y N Y W F T D X X R O
S L N C Q R I W B N R B M K A Q
M O D R Y B T E F D I P J E I O
A D I W I Ŵ H M E E A A J I G W
F A G Z A J Y P O R I L G Y S C
Q T K Z N R M R A D H D X C Q U
M Z M T D B B L I B S B R X Y W
P L E N T Y N D O D K P S M B D
Y D X H V X Z G U D U A D S B I
```

HYNAFIAD	ŴYR
MODRYB	GŴR
BRAWD	MAMAU
PLENTYN	FAM
PLENTYNDOD	NAI
PLANT	NITH
CEFNDER	TADOL
MERCH	CHWAER
WYRES	EWYTHR
TAID	GWRAIG

15 - Farm #1

```
U L C A S I C E F F Y L F Z D R
Y Q L L P U Y I P H Q Ê Q R Ŵ D
D W N G J H Y L E L E M Z F Â Z
T G C R F D E A A I Z C C A L N
V Y B Â I T P R B R B M X G L Y
S H T I A T R W G T R F K T V N
O C L W S B U W C H E C M F J E
F Y L Y E O L L I U I C M M T W
I I E C A F N Y S A S A C H V G
D Z D P M F Q H N D Y T C O E Z
G W A I R F Z O S A Z H V X V Z
L X I A U E D T H H Q U Y O J K
Z U D F A N A K R X I E A L L T
X I D H T S D U M B I E D Y U V
K Q E V H E V E X P P Z O I D B
G T K G S O S A S D S T L C Z K
```

GWENYN
BISON
LLO
CATH
CYW IÂR
BUWCH
FRÂN
CI
ASYN
FFENS

GWRTAITH
MAES
DDIADELL
GAFR
GWAIR
MÊL
CEFFYL
REIS
HADAU
DŴR

16 - Camping

```
J Y B I R G K O L T N F L W C A
K O X Z H A Q O Y L O A L D O N
M A P Q A D X S W T E H Y G T I
M L R Y F D A Z H R H U N I P F
N E U D F M Q Z D N N J A W L E
Q H T J Y X O H E E T U B D Z I
M Y N Y D D E F Y R P X T E C L
M O A A A X F F L E R J R O K I
P J O D G J J W L T B P P C E A
I X I U W V O C D H Â R L O Y I
Y W K H C A B A N A C N R M Q D
Z H Y R Z B P W Z M I W B V M I
C O E D O P L M X M P A B E L L
I U Y Z U R H R W O U X G X V L
N A T U R T Z T Z C L C A N Ŵ X
O A N F T A O P K K R S I Q N T
```

ANTUR	HELA
ANIFEILIAID	PRYFED
CABAN	LLYN
CANŴ	MAP
CWMPAWD	LLEUAD
TÂN	MYNYDD
COEDWIG	NATUR
HWYL	RHAFF
HAMMOCK	PABELL
HET	COED

17 - Conservation

```
T C B A J D Y L N Q H A P N J G
W F Y G K S J B R T I I L E M W
J L M N F C X B R D N L A W G I
S O J U A H I E L L S G L I C R
T D N D J L E N A F A Y A D Y F
J D T D B J I W Â A W L D I L O
C E M E G A U A N G D C D A C D
K H E R G S Y D D A D H W D H D
R C T G I O M I Y W T U Y A R O
C L S Y N Y C D H N Y U R U T L
Q Y Y L A W Y U C E I U R Ŵ D W
L G S L G V N K E J E B P I N R
H M O Y R V E B I V C R H X O J
G A C N O M F G W Y R D D A U L
P A E U L L I C C R W N D N A S
P R Y D E R N E B M V K Z J C N
```

NEWIDIADAU	IECHYD
CEMEGAU	NATURIOL
HINSAWDD	ORGANIG
PRYDER	PLALADDWYR
CYLCH	LLYGREDD
ECOSYSTEM	AILGYLCHU
ADDYSG	LLEIHAU
AMGYLCHEDDOL	CYNALIADWY
GWYRDD	GWIRFODDOLWR
CYNEFIN	DŴR

18 - Algebra

```
S E Z O K M E L B O R B M D G L
H Y L P C P A U W R T X A I K P
S P M A W J Z I U E Q W T A L A
D A I L A F A H N S Z R R G V O
B X D W E I M E N T J W I R W Z
D W A I P I U L Y R M S C A B H
E F I M N A D N T H C Y S M Y O
W F G R T T R D U I Y L Q C L F
J U E O L G B E I F K O C F L F
W G N F J X N Y N O S R V R I R
M R A F P P G K O T S D H D N A
N E W I D Y N L C L H I Z B O C
L N H F F A C T O R A E T X L S
T I C Y B C R N W P T F S Q X I
V G Y O B O K J P B E N N I H W
G R A F F E X Y L G B A E E S N
```

YCHWANEGIAD	MATRICS
DIAGRAM	RHIF
HAFALIAD	PARENTHESIS
FFACTOR	BROBLEM
FFUG	MAINT
FFORMIWLA	SYMLEIDDIO
FFRACSIWN	ATEB
GRAFF	TYNNU
ANFEIDROL	NEWIDYN
LLINOL	SERO

19 - Spices

```
E C I R O C I L W K X T W F P R
W L P R O T B F B Q V A A A A U
I V X W K Q O T E N K S G N P N
N I M W C A R D A M O M T I R I
M E L Y S R M J L N R M R L I O
F S W K R B J Q Z H H V A A K N
F Y I Z L Z E B E G T W I N A V
E V Y N E O E Y O X E E M P I T
N Y O W S B L A S T W K C Z R S
I E C Y F I A T B Q L L H I Y C
G E M T Y N R E K J O H P M C H
L F S J H C O R I A N D E R R W
A N I S E A L S A F F R W M P E
B P E G K I L H O W K Z O I K R
H Z W O O D F E E M Q Y Z S D W
J U H T V K C C N G A R L L E G
```

ANISE	GARLLEG
CHWERW	SINSIR
CARDAMOM	LICORICE
SINAMON	NYTMEG
EWIN	UNION
CORIANDER	PAPRIKA
CWMIN	SAFFRWM
CYRI	HALEN
FFENIGL	MELYS
BLAS	FANILA

20 - Universe

```
S  S  T  J  Z  N  S  B  N  N  O  E  G  J  N  J
E  O  K  A  T  E  B  E  F  O  U  R  Y  W  A  I
O  N  L  H  C  L  Y  G  R  Y  W  A  B  R  Z  S
M  X  E  A  N  S  H  I  K  Y  A  S  J  I  M  R
P  S  W  M  R  I  G  M  J  H  D  R  D  M  T  O
N  M  R  P  X  D  L  S  V  B  W  D  S  H  G  P
G  Z  O  J  V  Y  L  O  N  W  R  Y  W  K  S  O
W  V  G  E  U  D  E  C  S  M  G  O  P  R  H  Z
E  S  P  R  Q  D  D  I  O  R  E  T  S  A  C  A
L  P  O  G  I  X  R  G  A  L  A  E  T  H  W  A
A  I  G  T  G  O  E  C  F  B  N  E  F  O  L  C
D  F  S  S  X  Z  D  A  U  E  L  L  J  L  L  I
W  S  E  R  Y  D  D  I  A  E  T  H  G  O  Y  Y
Y  I  L  H  E  M  I  S  F  F  E  R  L  L  W  B
Y  N  E  R  O  L  T  N  A  U  Z  L  T  B  Y  H
N  R  T  U  G  U  W  C  R  J  V  C  X  N  T  A
```

ASTEROID	GORWEL
SERYDDWR	LLEDRED
SERYDDIAETH	LLEUAD
AWYRGYLCH	ORBIT
NEFOL	AWYR
COSMIG	SOLAR
TYWYLLWCH	ATEB
EON	TELESGOP
GALAETH	GWELADWY
HEMISFFER	SIDYDD

21 - Mammals

```
M H C W C A B R V U U Y W D C D
J O V A A L Y F F E C A V E K O
I K R P T L B Z D B X K R J Y L
R K S F H E B J W X W F D T X F
A J X Q I W C W N I G E N H F
F Q F Y A L I R O G L C V T Y I
F C G P R X C A D E F A I D K N
V X O A T R N T E L I F F A N T
Y K N Y S F W A F A N C B A O I
R N Y Z O O M N A V W Z V S J D
S K W P G T K A N G A R O O I W
J W L W G Q E S E B R A C Y G Y
W C L H W D B D H S D D I A L B
A B W W K Q G K K A V W V N F U
H B E H N I A N X J U P J W I G
I M C A W G G A W I J I G S W X
```

ARTH	GORILA
AFANC	CEFFYL
TARW	KANGAROO
CATH	LLEW
COYOTE	MWNCI
CI	CWNINGEN
DOLFFIN	DEFAID
ELIFFANT	MORFIL
LLWYNOG	BLAIDD
JIRAFF	SEBRA

22 - Fishing

```
C O G I N I O Z P W Y S A U C E
Z S P A Ê Y L L Y N V S R B I S
G A B W Y D H M I S O P L L U B
F U Q G N S C C I O W C H L G O
Z N E R F I W G A N U L N U R N
C R W B H Y C U H B E E Y T A I
L Z O L N D O Z B D I D R Q D A
A M P W J D Ŵ R M A J W I Z D D
I M F X Y S Y O Y R F G A J F W
A Q Y M V A Q M O X T O T C E P
L Y K N J I T Y F M I R N E Y V
M J Q Z E D M T O F F E R F D S
W E W Y B D E G S A B R Z N D F
T R A E T H D E S G Y L L F Z R
T A G E L L A U I S D Q V O X Y
G C M A E C P Q Q R R N T R D L
```

ABWYD	ÊN
BASGED	LLYN
TRAETH	CEFNFOR
CWCH	AMYNEDD
COGINIO	AFON
OFFER	GRADDFEYDD
ESBONIAD	TYMOR
ESGYLL	DŴR
TAGELLAU	PWYSAU
BACHYN	GWIFREN

23 - Bees

```
P  F  P  L  H  U  A  D  O  L  B  P  G  E  C  R
B  E  X  Y  I  M  V  I  P  V  U  S  D  C  W  Y
P  R  I  L  L  T  R  W  X  K  D  I  R  O  C  R
A  Y  E  L  U  A  H  E  G  T  D  M  J  S  H  D
I  W  D  N  L  H  A  I  D  G  I  Ê  D  Y  W  B
L  C  P  W  H  I  L  N  Y  D  O  L  B  S  P  F
L  D  W  P  X  I  O  N  A  Q  L  Y  C  T  L  F
B  C  L  U  L  R  N  P  R  Y  F  E  D  E  A  R
C  A  A  A  O  N  S  E  F  P  G  P  D  M  N  W
S  Y  V  N  N  X  O  A  S  D  K  E  R  Y  H  Y
B  S  N  O  X  G  L  N  F  Q  O  L  A  B  I  T
U  H  T  E  A  I  W  Y  R  M  A  W  G  W  G  H
Q  W  L  W  F  B  S  P  E  A  A  I  Q  O  I  M
W  H  E  P  D  I  J  M  J  U  X  U  J  J  O  W
T  H  W  Z  A  G  N  F  B  J  H  J  X  S  N  G
W  W  R  L  F  K  O  V  M  F  F  P  Y  P  M  T
```

BUDDIOL	MÊL
BLODYN	PRYFED
AMRYWIAETH	PLANHIGION
ECOSYSTEM	PAILL
BLODAU	PEILLIO
BWYD	BRENHINES
FFRWYTH	MWG
GARDD	HAUL
CYNEFIN	HAID
CWCH	CWYR

24 - Weather

```
N R S V W L C W L J Y U U X A H
M O N S Ŵ N O T O R N A D O W E
U C N L O T R Y N I A N D O Y N
X Z M W O J W M N M L A E G R F
G H M X H C Y U A Z H R R B G Y
J N E X I G N B F V E A E T Y S
C W U A Â Y T E O Z L T H Y L C
G W B T W R Y K R R S T M X C H
G Y M V X E H T T A Y U Y C H Z
W M R W Q D L T K L C W T O G Z
Y Z O Y L H S S L O H U A I U S
N X T G F C T W S P M E L L T G
T C S A N Y U Q H I N S A W D D
I J V C E S C U I R M X V I X A
V M Q S N A Y C S T G D K N I B
O U W Y I Q M S J S E F L W R T
```

AWYRGYLCH	MONSŴN
AWEL	POLAR
HINSAWDD	ENFYS
CWMWL	AWYR
SYCHDER	STORM
SYCH	TYMHEREDD
NIWL	TARANAU
CORWYNT	TORNADO
IÂ	TROFANNOL
MELLT	GWYNT

25 - Adventure

```
C G G B D F F H Z L N I F B P P
N W W R X F B P Z V O V J K E A
O E I W C R U T A N E A W Q R R
E I B D O I W Y L L P V J E Y A
R T D F S N A F H C R Y C F G T
C H A R F D D I A C Y V T V L O
T G I Y L I O I H X W F W U U I
L A T D D A D J O Z W D J A S J
L R H E G U N G D G N H D I R I
A E N D L T Y D E Z E I N R O D
W D E D C F S T W A L L S E A K
E D W L F Z P R O R D W H O H
N W Y A H W S C D W E V W C S C
Y F D C D K E A E O S A K M H Q
D K D S S X V W R M M C V T S O
D A N H A W S T E R A F H J Z A
```

GWEITHGAREDD
HARDDWCH
DEWRDER
HERIAU
CYFLE
PERYGLUS
CYRCHFAN
ANHAWSTER
BRWDFRYDEDD
GWIBDAITH

FFRINDIAU
AMSERLEN
LLAWENYDD
NATUR
LLYWIO
NEWYDD
PARATOI
DIOGELWCH
SYNDOD

26 - Sport

```
O C G Z S L D C L N E A H U A W
C M B K H P Y Y O M W R Y N E N
M R L D Q U G H N R D V F L N E
L D Y S I E N Y C N P N F N S U
P Y O F Z H W R I V P S O Q O D
M H I A D T C A A G V X R B R Y
E C C R E H U N I G P D T Q G
T E I E D A R T R I X V D X I O
A I E U B M F G U K L J W J T R
B C B F B V V J G L D V R U K A
O O I S N W A D N E L G A H R U
L R C H W A R A E O N A T I K Z
I F U G C K H Y Q T E S G Y R N
G F M A B O L G A M P W R N P F
O W M L Z V D S I N O F I O O R
E U A P H K I V I H E N G B X D
```

GALLU
MABOLGAMPWR
CORFF
ESGYRN
HYFFORDDWR
BEICIO
DAWNSIO
DEIET
DYGNWCH
NOD

IECHYD
LONCIAN
WNEUD Y GORAU
METABOLIG
CYHYRAU
MAETH
RHAGLEN
CHWARAEON
CRYFDER
I NOFIO

27 - Geology

```
O O F V A H D J M R E W C Q K Z
L G K C S P A H W W Z J W J C C
E O O E I Z E C Y Z G L A G M A
K W E F D N A Y N M C D R W O L
I D D A T A R F A G Z K T A U S
J D W H F R G A U H O A S S S I
F J K H U R R N Z R N R F T T W
F Z X X A X Y D H A L E N A A M
C W R E L E N I S V I S S D L C
M Z U U A O N R D X S Y N D A A
T E S E I I C O C X O E Y W C R
X J L Q S K Y G U U F G D A T R
H E G A I J Z M A V F O F T I E
S B A P R C Y L C H O E D D T G
H U T M C W A D G Y M E Z B E E
H U W L L O S G F Y N Y D D P M
```

ASID
CALSIWM
OGOF
CYFANDIR
CWREL
CRISIALAU
CYLCHOEDD
DAEARGRYN
FFOSIL
GEYSER

LAFA
HAEN
MWYNAU
TAWDD
GWASTAD
CWARTS
HALEN
STALACTITE
CARREG
LLOSGFYNYDD

28 - House

```
L D A N A B A I R F X S K U V O
L L S F J A P L E Y N H C M R Z
Y L K E O P J G L R S C W W G P
F E U R O H Y R J W N Y D R W S
R N L D C C M E I J E R A G I V
G N P O F K X O G N F D X V K K
E I M D Z L F O X E F X D M Z Z
L G A R D D B A L G D X M I H G
L G L W B K P M L B S I C Y W Y
Y S T A F E L L E C J N X D C X
D B O L Y P F R T S E N E F F H
T H D L K C K M Â Y X G I T A V
C A W O D E G H N Z X W I R O N
L C F W I L P X V H L S A N N W
R M D F W R V M F V W O P L R R
K C C V Q A E N I W K T O T O K
```

ATIG	ALLWEDDI
BANADL	CEGIN
LLENNI	LAMP
DRWS	LLYFRGELL
FFENS	DRYCH
LLE TÂN	TO
LLAWR	YSTAFELL
DODREFN	CAWOD
GAREJ	WAL
GARDD	FFENESTR

29 - Physics

```
C G H J T F A V L C H R G U Z P
R E D L M A T U V K T R R X K K
A T M Q O L O G Z V I W O C L P
E E P E F M M E G P U M N J C E
L N X W G Y M L A C I O Y H Y I
C G C F G O B F H Q K L N N F R
W A T G M L L Y F M C I N D L I
I M O L E C I W L O N V A D Y A
N A N H R E F N R Y R P U E M N
E E L E C T R O N K M M J S D T
S H T C Z I F Q Z W E X I Y E F
H D A I M Y L F Y C C K M W R V
T Q S N H W Q F M G A O À D L C
A C K J G F N M U O N N S U P A
X P J K H U V O K D E U I C H Z
H O W S X I X L J E G J G C T W
```

CYFLYMIAD   NWY
ATOM   MAGNETEG
ANHREFN   MÀS
CEMEGOL   MECANEG
DWYSEDD   MOLECIWL
ELECTRON   NIWCLEAR
PEIRIANT   GRONYNNAU
EHANGU   YMLACIO
FFORMIWLA   CYFLYMDER
AMLDER

30 - Dance

```
B  S  J  L  C  R  Q  I  A  R  P  I  C  L  G  N
L  Y  S  X  E  E  I  P  C  K  A  M  O  N  W  E
K  M  J  R  S  F  L  N  A  C  R  F  L  Z  E  I
V  U  E  R  X  R  B  F  D  O  T  B  O  O  L  D
P  D  C  E  C  A  Q  Y  E  R  N  L  N  I  E  I
M  I  S  E  J  M  N  T  M  F  E  Z  N  M  D  O
V  A  M  Z  R  Y  U  S  I  F  R  N  A  H  O  G
C  D  C  M  X  D  H  H  D  W  T  U  I  P  L  U
I  L  Y  G  A  W  D  I  H  M  S  M  G  Y  B  L
N  L  A  V  F  D  A  O  L  L  A  W  E  N  N  S
I  C  O  S  A  R  G  N  R  Z  V  T  N  A  W  Q
C  T  D  Z  U  U  T  N  A  I  L  L  Y  W  I  D
M  H  T  Y  H  R  Q  I  V  A  A  J  M  C  S  T
I  K  C  E  Q  Y  O  G  S  O  U  E  B  D  O  M
L  O  N  N  A  I  L  L  Y  W  I  D  T  K  M  D
T  R  A  D  D  O  D  I  A  D  O  L  D  H  E  C
```

ACADEMI	NEIDIO
CELF	SYMUDIAD
CORFF	CERDDORIAETH
CLASUROL	PARTNER
DIWYLLIANNOL	OSGO
DIWYLLIANT	YMARFER
EMOSIWN	RHYTHM
MYNEGIANNOL	TRADDODIADOL
GRAS	GWELEDOL
LLAWEN	

31 - Coffee

```
U G V H D L W A G B N F Z Q H P
O M C C F R X M Q G M P A Q U M
O A F O G V H R Ŵ D D Z A Z X C
Z L H F T V I Y L S C H A P V Z
K U R X G L C W E O C S Y M W W
J D J H D X G I D I S A S L V S
N A B A O F P A X K F L I L I C
A I S P I S N E F U H B W L I F
P D E D D I T T A W L O G A K O
W D E F R Y H D C B R R E K I
C R V L F P T C R W C E R T C V
B A G I A A R O G L H I V H H A
M T E B Z D C A L N W H H X I P
U G A C P F X L Y V E E O X D K
A D Y P L Z I I X Y R G J Q L B
V M A W A U K V C F W L O D O F
```

ASIDIG   MALU
AROGL   HYLIF
DIOD   LLAETH
CHWERW   BORE
DU   TARDDIAD
CAFFEIN   PRIS
HUFEN   RHOST
CWPAN   SIWGR
HIDLO   AMRYWIAETH
BLAS   DŴR

32 - Climbing

```
E H C N R P L T E X L K C A C D
T S E O I C I E H M D O R R H Z
H K G R R V K O N R R D Y B W F
Q W I I I F Q A B S R A F E I N
V K N T D A F M W U Y Z D N L Y
B F E G Y I U O C T T H E I F T
J P M K Z P A M R A S E R G R V
Y J Y W W T L U C O E L Z W Y K
A P O G O F P E O Q L M S R D A
C P A M B R I R J U W X O L E N
D S N K I T H D K H O U T U D A
S E F Y D L O G R W Y D D C D F
T Q T N A I D D R O F F Y H L E
A W Y R G Y L C H C E S Y D H G
X A E B E T C I A R L Z D E E H
C A N L L A W I A U F N I R I K
```

UCHDER	HEICIO
AWYRGYLCH	ANAF
ESGIDIAU	MAP
OGOF	CUL
HERIAU	CORFFOROL
CHWILFRYDEDD	SEFYDLOGRWYDD
ARBENIGWR	CRYFDER
MENIG	TIR
CANLLAWIAU	HYFFORDDIANT
HELM	

33 - Scientific Disciplines

```
O  S  Z  A  D  K  B  H  M  P  M  W  S  J  V  E
C  E  K  R  Z  I  L  X  W  G  E  R  A  E  A  D
N  I  I  C  I  N  L  F  Y  E  C  T  O  B  D  J
S  C  Z  H  M  E  Y  S  N  L  A  N  E  D  D  I
E  O  Z  A  I  S  S  D  G  O  N  I  G  L  X  E
R  L  E  E  W  I  I  I  L  R  E  W  P  E  P  I
Y  E  Z  O  N  O  E  G  A  O  G  R  G  K  R  T
D  G  G  L  O  L  U  B  W  E  E  O  R  I  M  H
D  A  N  E  L  O  E  K  D  T  M  L  V  A  F  Y
I  E  N  G  E  G  G  H  D  E  E  E  Y  D  G  D
A  Y  C  A  G  Y  Y  E  M  C  G  P  Y  F  D
E  Z  O  O  T  N  F  F  I  S  I  O  L  E  G  I
T  B  X  E  L  O  B  I  O  C  E  M  E  G  F  A
H  L  U  I  N  E  M  B  I  O  L  E  G  K  W  E
K  H  W  V  Q  P  G  E  E  S  B  K  N  O  Q  T
P  P  R  X  N  D  C  P  G  E  W  O  S  P  M  H
```

ANATOMEG	IMIWNOLEG
ARCHAEOLEG	KINESIOLOGY
SERYDDIAETH	IEITHYDDIAETH
BIOCEMEG	MECANEG
BIOLEG	METEOROLEG
LLYSIEUEG	MWYNGLAWDD
CEMEG	NIWROLEG
ECOLEG	FFISIOLEG
DAEAREG	SEICOLEG

34 - Science

```
V L V U J A C P Q Q K F P G Z D
N I A M Z G E S I F F G Y W V D
D N R S B S M O T A E P V Y S A
X U S Q G K E T N Q S H Q D E M
E J I R I O G F Q J B W B D Q C
U A N N Y N O R G U L O X O M A
O A T K G Q L Y W Z Y S T N O N
P L A N H I G I O N G U A Y L I
O W K I Q U J H H B I T L D E A
N R W F U P I H T C A Q L D C E
A X G W F T S W M I D S U N I T
T D B A D O H I N S A W D D W H
U X T R N F F O S I L F Z V L W
R R P B G E M W Y N A U F J A V
T P L R E C B L A B O R D Y U H
F A T A D I S G Y R C H I A N T
```

ATOM
CEMEGOL
HINSAWDD
DATA
ESBLYGIAD
ARBRAWF
FFAITH
FFOSIL
DISGYRCHIANT
DDAMCANIAETH

LABORDY
DULL
MWYNAU
MOLECIWLAU
NATUR
ORGANEB
GRONYNNAU
FFISEG
PLANHIGION
GWYDDONYDD

35 - Beauty

```
S  C  P  D  V  D  S  K  A  Y  G  M  G  G  C  Y
L  I  Y  P  R  Y  T  I  R  E  Z  I  W  Q  R  J
R  I  S  N  I  A  C  U  A  Y  S  N  A  I  O  Y
U  P  T  W  H  R  S  C  C  M  Y  L  S  O  E  N
C  F  Z  M  R  Y  L  F  S  Q  P  L  A  L  N  G
D  R  Y  C  H  N  R  A  A  W  T  I  N  E  F  R
C  E  I  N  D  E  R  C  M  Y  G  W  A  W  R  A
C  O  L  U  R  O  H  J  H  X  O  H  E  A  A  S
A  P  W  S  J  N  V  T  M  I  F  Z  T  U  G  A
I  U  W  W  F  U  B  I  S  K  O  B  H  L  R  F
T  D  D  Y  L  I  E  T  S  M  K  N  A  L  A  V
T  Y  O  N  Z  C  J  M  W  E  B  S  U  I  N  B
F  F  O  T  O  G  E  N  I  G  J  Z  D  W  C  J
V  X  G  J  U  S  L  E  L  B  L  Q  C  P  E  M
C  Y  F  A  N  S  O  D  D  I  A  D  M  W  O  Q
Q  X  N  L  S  U  M  V  Q  A  G  A  Y  M  X  U
```

SWYN	MASCARA
LLIW	DRYCH
COLUR	OLEWAU
CURLS	FFOTOGENIG
CEINDER	CYNHYRCHION
CAIN	SISWRN
FRAGRANCE	GWASANAETHAU
GRAS	SIAMP
MINLLIW	CROEN
CYFANSODDIAD	STEILYDD

36 - To Fill

```
Q  Y  L  P  K  F  P  B  Y  K  R  U  F  X  U  O
R  X  M  L  Q  U  C  O  V  W  V  A  F  M  O  A
R  B  W  C  E  D  Ê  R  C  Q  N  K  F  J  E  X
V  D  Z  I  S  W  S  C  A  E  Z  O  K  A  Q  J
K  D  J  G  A  T  A  Q  G  Q  D  T  I  D  J  M
E  U  M  Z  V  P  R  C  P  U  L  X  H  X  L  C
Q  W  F  P  R  K  S  L  Z  J  N  O  B  K  R  O
X  V  W  N  N  S  A  B  Y  N  L  B  T  Z  E  D
B  A  S  G  E  D  Y  C  P  T  B  R  Ô  R  D  C
R  W  H  A  L  P  E  C  Y  N  B  E  U  L  G  A
G  T  I  B  M  H  A  M  B  W  R  D  D  B  P  R
O  N  N  T  A  R  G  T  W  B  M  L  X  L  O  T
R  B  G  A  S  G  E  N  S  H  Q  O  Q  W  T  O
J  A  R  E  T  N  X  F  D  B  G  F  G  C  E  N
C  T  L  Z  L  O  F  W  Y  Z  G  F  L  H  L  P
V  Q  L  T  L  R  G  N  C  M  Y  Z  H  W  I  Q
```

BAG	AMLEN
GASGEN	FFOLDER
BASN	JAR
BASGED	PECYN
POTEL	POCED
BLWCH	CÊS
BWCED	HAMBWRDD
CARTON	TWB
CAWELL	TIWB
DRÔR	VASE

37 - Clothes

```
U C H W Y S W R Z P D A A F Q S
U F T L Y E Y V M U N N J F T W
Q P R J W B L O W S Y R C A L W
I Y F H Z F H K S Z U V Ô S Q J
P J X V R N S P A N T S T I G K
Y A Z K L A A U L J Z E G W S H
S M D C V Z N M K K M N H N F G
O A K G C H D E L H C I E R B Q
V S R H G U A N H P Q P Z Q Z Y
J A B T Y F L S I A C E D A K G
M E N I G Q A N Q E S S G E R T
T D Q A S O U Î S S Y G E R W G
K B S W I U D J V G O I A G W H
B P A M W A T E X I J W U R A N
B Z L E G L H S F D Q H M K F R
X X X G G D S X A F A J T F O F
```

FFEDOG	JÎNS
GWREGYS	GEMWAITH
BLOWS	PYJAMAS
BREICHLED	PANTS
CÔT	SANDALAU
GWISG	SGARFF
FFASIWN	CRYS
MENIG	ESGID
HET	SGERT
SIACED	CHWYSWR

38 - Astronomy

```
E Q U I N O X J C O G D N B Y H
S G A L A E T H N K R V H G M I
P P R W D D Y R E S L I U O B M
I V A O P E K Y I D M A W F E Y
L Z E R C A I W C P O F C O L W
C V A Z V E R A K H A L H D Y W
E O D V Y H D A U E L L N W D D
C P D J O C I M N I U Y O R R L
S I D Y D D O D W S B S F S E C
J P C V M M R S S F E R A D D I
T Q L X N Q E O M Y N A K P D E
H J H S U U T T K O B L A N E D
F A P J F N S X E Z S C U P C G
O G D F I H A P G O S Q J H N A
L L O E R E N R G C R E S T Y C
E S Z M V E L A H X G O R W P Y
```

ASTEROID	LLEUAD
GOFODWR	NEBULA
SERYDDWR	ARSYLLFA
CYTSER	BLANED
COSMOS	YMBELYDREDD
DDAEAR	ROCED
ECLIPSE	LLOEREN
EQUINOX	AWYR
GALAETH	UWCHNOFA
METEOR	SIDYDD

39 - Health and Wellness #2

```
Y F Y G B N E L G E H A E C C U
T E I E D F F Q M I U P R M L Q
F Q E T F H J N O B D I O A E U
S U K E A H Y L E N D I D E F H
H A I N T M R P V N E N D T Y S
N S R E W L I Q C I G N S H D T
G Y O G W P N N O F R Y U K A R
V W L M M H I C M M E Z X G N A
H P A O F H Y N W Z L T C T A E
S D C W W F U N D E A W G Y T N
G C G G B G A Q Y I T B M L O K
A R C H W A E T H S F E F I M C
Z E C C J P C X D G B F U N E N
Y F S A U H C T F K K Y Y O G C
C D X I V C N R L A K F T G W W
Z A J S F I K I X P L Y Y Y D N
```

ALERGEDD
ANATOMEG
ARCHWAETH
GWAED
CALORI
DIFFYG
DEIET
CLEFYD
YNNI
GENETEG

IACH
YSBYTY
HYLENDID
HAINT
TYLINO
MAETH
ADFER
STRAEN
FITAMIN
PWYSAU

40 - Disease

```
S  S  B  S  L  U  J  D  R  K  T  M  D  Y  V  A
G  Y  S  X  D  H  B  I  E  I  H  Y  I  W  F  L
B  F  N  H  E  I  N  T  U  S  E  L  L  K  P  E
G  U  V  D  Y  H  C  E  I  M  R  G  S  C  R  R
I  A  C  U  R  E  A  B  E  D  A  D  L  Y  Y  G
N  N  L  L  D  O  E  Q  V  Z  P  L  X  H  S  E
O  E  O  O  H  Y  M  W  T  Q  I  G  W  A  N  D
R  G  B  L  N  M  E  I  N  G  E  F  N  O  L  D
C  O  E  T  R  F  Q  L  Y  N  M  E  D  B  E  A
C  H  T  Y  Y  G  X  L  E  O  C  O  R  F  F  U
O  T  A  I  G  R  G  I  T  E  N  E  G  H  B  Z
G  A  A  U  S  F  M  D  D  E  N  W  I  M  I  A
Z  P  A  C  E  T  I  F  E  D  D  O  L  T  W  E
Z  N  T  B  I  N  G  B  J  A  B  W  K  C  W  Q
Y  A  F  B  J  W  K  U  P  H  F  H  X  E  A  T
E  F  W  G  E  H  T  A  P  O  R  W  I  N  S  L
```

ACIWT	IMIWNEDD
ALERGEDDAU	LLID
CORFF	MEINGEFNOL
ESGYRN	NIWROPATHEG
CRONIG	PATHOGENAU
HEINTUS	ATEBOL
GENETIG	SYNDROM
IECHYD	THERAPI
GALON	GWAN
ETIFEDDOL	LLES

41 - Time

```
B D Y A V X M C R P Z H T Y H K
O G B I T M I L X U F I R N A C
R W A D N F S O C I L J K G N O
E R D Y D M W C W I H Q I Y N Q
X Z S D Q H F M D R S Q A N E R
J S B D B N Z T U Z D I I N R V
C A L E N D R S U N P C E A D X
B L W Y D D Y N J L U M Y R Y H
D G B G D Y F O D O L D N N D E
W O A Q R N O S U D I N A C D D
J Y D E G A W D G D W L W I D D
R M T R N H L O Q Y Y L R U X I
A L C H R Z A T S N W C K O F W
Q P N A N A U F N Y Z R T F B M
S H O X R O D J K L D O B J T V
N E X A Q R S X O B N E Y B W M
```

BLYNYDDOL	MUNUD
CYN	MIS
CALENDR	BORE
CANRIF	NOS
CLOC	HANNER DYDD
DYDD	NAWR
DEGAWD	YN FUAN
YN GYNNAR	HEDDIW
DYFODOL	WYTHNOS
AWR	BLWYDDYN

42 - Buildings

```
S Y J X O K F H L B U A T D V X
T C S C A J K D O L U M V W I R
A P E G A B C A G S Z L U I R S
D K F J U P B N S Q T L O Z T P
I M X N F B F H Y Y V E D X A N
W A A E Z S O C F F G T L X F R
M M T B Y E E R I F W S Q G F E
V G I R U B C A R E E A E T M J
V U T N T M X F P R S C Q I I Z
J E A Z H E Y H U M T A L F F W
Y D R O B A L C R X Y T B S Y
N D U P Q F F R T H E A T R Y L
A F L L Y S R A I S F D M E S U
B A M E N I S P A B E L L W G S
A O N V H U D V O W H B H W O C
C S J G J O R R S E U E P Y L F
```

FFLAT
YSGUBOR
CABAN
CASTELL
SINEMA
FFATRI
FFERM
YSBYTY
HOSTEL
GWESTY

LABORDY
AMGUEDDFA
ARSYLLFA
YSGOL
STADIWM
ARCHFARCHNAD
PABELL
THEATR
TWR
PRIFYSGOL

43 - Philanthropy

```
G I H E R I A U J E Y B N H C G
B N G O R A C Y M U N E D A Y V
I E U E N C T I D A A A Z N S G
D P C P O B L C J I N D Q E Y U
O P H E C B S Z K P U I O S L Y
G L S A N H Q U T W Y L C N L F
V A R H E H J T W R I L N D T U
R N S Z S L A E I G C Y E Y I C
P T A J U N I D X Q L C A N A R
R J B L L S K O A Z H J N O D Z
S U P M E Y U P N E S U G L A H
C R O N F E Y D D I T L E I U J
B Y D E A N G A B P I H N A L I
G O N E S T R W Y D D U J E I M
Q N K T C Y H O E D D U S T Y H
A L L R H A G L E N N I P H T H
```

HERIAU	GRWPIAU
ELUSEN	HANES
PLANT	GONESTRWYDD
CYMUNED	DYNOLIAETH
CYSYLLTIADAU	CENHADAETH
CYLLID	ANGEN
CRONFEYDD	POBL
HAELIONI	RHAGLENNI
BYD-EANG	CYHOEDDUS
NODAU	IEUENCTID

44 - Herbalism

```
A S D A S Z E M F G A R M Y A T
S R L P L A N H I G I O N J T H
F I O K G W Y R D D F Z P T T C
G I I M S E W N Y D O L B A P Y
T D D A A I O B J D M Q E R K N
W Q D R L T T W S R N F E A K H
R X U O B H I G U A Q C B G R W
N Q B J W Y L G Z G F M E O T Y
R F Y R L L G I N E F F Y N Y S
I O E A W Y K E N L J R R X H I
C I B M S L T G U L K G G W C O
L A F A N T I L S R E P U X M N
N V L R R H O S M A R F L X L X
J Z O L S L O N A G E R O F T T
I N B G Y D H T A B Z L J S Y K
M Y E T C H B J C O G I N I O N
```

AROMATIG	CYNHWYSION
BASIL	LAFANT
BUDDIOL	MARJORAM
COGINIO	BATHDY
FFENIGL	OREGANO
BLAS	PERSLI
BLODYN	PLANHIGION
GARDD	RHOSMAR
GARLLEG	SAFFRWM
GWYRDD	TARAGON

45 - Vehicles

```
N  G  B  I  T  K  A  B  B  U  B  M  L  T  L  P
U  Q  N  R  A  S  D  Z  X  B  Z  N  L  A  O  E
N  O  T  I  T  N  A  I  R  I  E  P  O  C  R  Y
I  Z  K  T  E  X  K  W  U  V  V  Z  N  S  I  L
D  F  L  R  J  B  F  A  Y  I  A  Z  G  I  W  L
O  T  Q  A  A  X  M  E  H  R  U  U  D  U  T  B
U  U  K  C  M  O  D  U  R  M  E  V  A  Q  O  R
Y  Y  C  T  M  H  C  P  D  W  Y  N  N  G  J  C
P  A  P  O  R  F  G  E  D  D  R  O  F  F  S  I
C  A  R  R  K  B  S  K  P  Y  N  K  O  D  J  W
R  D  S  N  A  L  W  I  B  M  A  U  R  O  W  R
P  R  W  R  O  C  E  D  S  Q  F  B  T  T  F  P
L  L  U  P  J  I  R  E  F  F  A  D  I  H  Y  B
D  D  Y  N  N  E  R  F  O  H  R  E  T  W  G  S
U  Y  N  G  U  B  Q  I  X  U  A  Y  L  G  E  P
D  Q  N  V  G  G  C  O  T  H  C  W  C  D  E  U
```

AWYREN	MODUR
AMBIWLANS	LLU
BEIC	ROCED
CWCH	SGWTER
BWS	LLONG DANFOR
CAR	ISFFORDD
CARAFAN	TACSI
PEIRIANT	TIRION
FFERI	TRACTOR
HOFRENNYDD	LORI

46 - Health and Wellness #1

```
C Y H Y R A U M R E D H C U T H
M X D K C H X A M E D D Y G R L
K J D M L E S Q W X F A N B I F
Q B L Q I P A R E H T R M M N Q
G W G Q N T H O R M O N A U I B
G X E B I R R A N A F E I A A E
I R V W G L Y F O U I O R F E M
A T G Y R C H L F Y I R E R T E
Q N P W J W O L R L Y C T E H D
X J F S S D N Y W E N V C N V D
E Z D N L C Q R Y D S I A K H Y
K M U O Y E D E B T O G B N G G
N P C E C E W F D N T L Y C Q A
I H H R C P F F L A M D R R K E
Z A Y M L A C I O G H X Y D N T
T W Y L L O D E R H T I E W G H
```

GWEITHREDOL　　　　ANAF
BACTERIA　　　　　　MEDDYGAETH
ESGYRN　　　　　　　CYHYRAU
CLINIG　　　　　　　NERFAU
MEDDYG　　　　　　　FFERYLLFA
TWYLL　　　　　　　　ATGYRCH
ARFER　　　　　　　　YMLACIO
UCHDER　　　　　　　CROEN
HORMONAU　　　　　　THERAPI
NEWYN　　　　　　　　TRINIAETH

47 - Town

```
G Q Z W N C Q M T C B P R S F F
I T E L L E G R F Y L L W J G F
R D Q T B P Q A D D Y I N B V E
G P C H N E A H B A T Q N D L R
G M X E Z P C F T N W V D I O Y
S W I A O V A W R Y T S E W G L
S I C T E L O G S Y F V S P S L
R N E R U A D O L F P O I S Y F
A R C H F A R C H N A D O S F A
C J S A M G U E D D F A P I I M
J D O T K M V Q T Z D N L O R E
B H V O A G O F Q O G J Y P P N
S B A N C D A N H C R A F E O I
P Q G X F R I O R I E L R U W S
R P B D C N O W H W D W A M P K
M A E S A W Y R M F D O U U E D
```

MAES AWYR   FARCHNAD
BECWS   AMGUEDDFA
BANC   FFERYLLFA
SIOP LYFRAU   YSGOL
SINEMA   STADIWM
CLINIG   SIOP
SIOP FLODAU   ARCHFARCHNAD
ORIEL   THEATR
GWESTY   PRIFYSGOL
LLYFRGELL   SW

48 - Antarctica

```
Y  C  N  U  V  X  V  R  Z  F  D  B  C  K  L  W
M  S  Y  B  A  E  C  Q  X  L  Q  R  R  Ŵ  D  W
C  L  H  M  B  F  E  P  T  M  F  A  E  B  P  K
H  G  R  T  Y  T  Y  O  M  U  H  T  I  A  D  E
W  R  N  A  Y  L  A  B  J  D  E  Z  G  D  D  E
I  A  E  B  M  M  A  R  J  O  K  I  I  G  E  S
L  D  P  Y  E  G  H  U  A  D  A  R  O  E  O  K
Y  Y  B  R  E  Y  Y  E  D  F  W  G  G  F  S  Y
D  J  Z  Q  R  P  I  L  R  I  D  N  A  F  Y  C
D  M  F  I  S  Q  A  V  C  E  L  L  A  A  N  S
C  A  D  W  R  A  E  T  H  H  D  K  U  R  Y  C
P  Q  D  X  E  D  G  T  D  U  E  D  M  G  J  D
R  H  E  W  L  I  F  O  E  D  D  D  P  O  S  Q
M  W  Y  N  A  U  M  N  I  G  X  Q  D  P  A  B
D  A  E  A  R  Y  D  D  I  A  E  T  H  O  I  W
G  W  Y  D  D  O  N  O  L  T  Q  X  O  T  Â  I
```

BAE	YNYSOEDD
ADAR	MUDO
CYMYLAU	MWYNAU
CADWRAETH	PENRHYN
CYFANDIR	YMCHWILYDD
AMGYLCHEDD	CREIGIOG
DAITH	GWYDDONOL
DAEARYDDIAETH	TYMHEREDD
RHEWLIFOEDD	TOPOGRAFFEG
IÂ	DŴR

49 - Ballet

```
Q  F  Y  L  G  Y  D  C  F  T  Z  X  L  N  E  L
X  Q  S  S  A  G  X  V  N  T  D  D  B  O  F  L
A  Z  F  R  T  L  M  Y  X  Q  G  C  G  G  P  U
F  X  W  G  C  U  V  G  P  D  D  E  S  Y  W  D
D  W  A  N  U  W  M  F  O  M  Q  R  S  E  M  D
I  F  F  A  R  G  O  E  R  O  C  D  T  Y  I  R
E  G  O  S  G  E  I  D  D  I  G  D  P  O  N  A
L  O  N  N  A  I  G  E  N  Y  M  O  Z  U  N  O
L  S  J  H  T  E  A  Y  W  D  A  R  E  M  Y  C
U  A  R  T  I  S  T  I  G  H  A  I  G  Q  S  R
N  H  D  G  J  R  Y  W  S  N  W  A  D  U  O  H
Y  M  A  R  F  E  R  S  R  W  N  E  G  R  W  Y
G  G  W  E  R  S  I  C  E  L  K  T  O  Y  J  T
C  Y  F  A  N  S  O  D  D  W  R  H  D  S  W  H
A  F  R  O  D  D  R  E  C  Y  H  Y  R  A  U  M
K  L  Y  X  U  I  T  E  C  H  N  E  G  C  Q  M
```

CYMERADWYAETH	GWERSI
ARTISTIG	CYHYRAU
GYNULLEIDFA	CERDDORIAETH
COREOGRAFFI	CERDDORFA
CYFANSODDWR	YMARFER
DAWNSWYR	RHYTHM
MYNEGIANNOL	UNAWD
YSTUM	ARDDULL
GOSGEIDDIG	TECHNEG
DWYSEDD	

50 - Fashion

```
B G W R E I D D I O L S E L X F
Z R C H Z E S B M P I Y P L C D
T G O X Q C A Q R D S M N E S K
W S U D D R O F F Y C L N I A C
I T R A W D D U R D K J R A T N
K K X E C A I I E D U E E F A I
T U M W L P I J L N X G D C R U
E U U G L H D T U L D Y O X A K
U I M T U Z Z G H I A P M Z B L
F F O R D D I A D W Y D W U R Y
C Y M E D R O L O R E F R A M Y
A P L N R C Y P G K J W T M B T
R A A Q A C V T R S F W A Y E U
M E S U R I A D A U S B P T Z E
N P D D K Q T E U Q I T U O B D
D M K V K G I K P A C Y O B P D
```

FFORDDIADWY
BOUTIQUE
BOTYMAU
DILLAD
CYFFORDDUS
CAIN
BRODWAITH
DRUD
LACE
MESURIADAU

LLEIAF
MODERN
CYMEDROL
GWREIDDIOL
PATRWM
YMARFEROL
SYML
ARDDULL
GWEAD
TUEDD

51 - Human Body

```
B  G  W  E  F  U  S  A  U  L  Y  P  M  S  Q  F
E  Y  T  W  X  F  L  N  I  L  G  N  E  P  L  S
N  Ê  S  U  D  S  F  E  P  A  S  R  O  W  R  M
Y  W  U  C  D  S  B  P  C  W  P  Y  L  M  Q  N
W  I  L  P  L  X  N  X  R  K  M  G  C  E  U  Y
L  W  C  C  A  T  Z  W  R  H  N  S  K  O  W  W
Y  Q  F  I  I  J  O  P  L  C  O  E  S  N  Z  B
G  W  M  S  H  Q  W  Z  G  K  L  J  J  P  G  C
P  E  N  E  L  I  N  T  W  A  A  U  P  S  J  K
B  B  G  F  Y  D  C  R  D  R  G  S  D  T  Z  O
G  Y  F  C  E  E  D  W  D  D  Y  N  N  E  M  Y
L  O  E  L  Q  A  B  Y  F  T  T  E  M  E  F  O
K  D  Z  S  M  W  Q  N  W  T  G  O  C  E  J  J
Y  B  B  Z  H  G  J  R  L  G  V  R  I  T  G  A
C  W  G  F  F  Ê  R  F  Y  J  S  C  Y  B  P  L
K  V  R  C  N  S  C  U  D  Q  H  Y  G  W  V  A
```

FFÊR	PEN
GWAED	GALON
ESGYRN	PEN-GLIN
YMENNYDD	COES
ÊN	GWEFUSAU
CLUST	GEG
PENELIN	GWDDF
WYNEB	TRWYN
BYS	YSGWYDD
LLAW	CROEN

52 - Fruit

```
M P D N S A N A N A B A K M I C
W A W Z G F E R V O L U Y A R N
U V N E R O C Q A F L U M F H A
P A O G K C T K K S A E V O Z U
F U M I O A A I A P A P M N S C
O G E F K D R M H Z L X R Z A O
G K L F S O I R I E C R H T J C
R D L A F A N W S N B B F E Q O
A Y Y H C A E P I O S V A P Q Z
W W C B U B P K W C N D Y A N R
N S I Y O O V G J S G E L L Y G
W T R Q Q U W E M U L U U T A R
I Q B M U L T C D V L D D L E M
N W R O D A P J U K Z X T O R Q
M W K Q N C V F K E A X F U O S
B C C I M W A J I D J A P Z N U
```

AFAL
BRICYLL
AFOCADO
BANANA
AERON
CEIRIOS
CNAU COCO
FFIG
GRAWNWIN
GUAVA

CIWI
LEMON
MANGO
MELON
NECTARINE
OREN
PAPAIA
PEACH
GELLYG
MAFON

53 - Engineering

```
M E D D Q D P L M P H I E S C Y
D O G B U Y E L Q J J I M I R N
I S D N H F I L Y H S O K W Y N
A T T U T N R E G I N N Y C F I
M R N N R D I H M A R G A I D D
E W A S A E A C F E X L Q B E I
D Y I R B R N E D I B T M G R M
R T H N S B T I M E S U R L X E
B H T Q O A T A D E I L A D U N
B U I W D A I F I R F Y C G S S
K R R T E N B L A I W V N S D I
S E F Y D L O G R W Y D D S E Y
O N F O N S J M Q G T M I R Y N
T D I E S E L Q W X L K E A M A
V P R J F B M E M Y O F F E Y U
N C S Y W C A D Z P J H F M J C
```

ONGL
ECHEL
CYFRIFIAD
ADEILADU
DYFNDER
DIAGRAM
DIAMEDR
DIESEL
DIMENSIYNAU
DOSBARTHU

YNNI
FFRITHIANT
HYLIF
PEIRIANT
MESUR
CYNNIG
MODUR
SEFYDLOGRWYDD
CRYFDER
STRWYTHUR

54 - Kitchen

```
H O J G P H R Q F C P O P T Y A
R H E W G E L L F W C T L M H B
Y P G R O U Z U Y P N A P C Y N
N U M T D S D B R A K E D O Z B
A J J E E X J H C N L G D C A S
J F M M F J L A Q A S V U G D C
F K V W F S L S R U X B F L M C
X Z C S C F E D E R Q C Q H S H
F R V I H U T Y M V A Y O V N C
Q T L W W P W Z B O W L R G C W
P H I H Q U A Y W L L I Y H K G
T R D Á L B D U R R L R K Y L C
E E D J S W C L L E G R E O Q
V G O L L Y L L Y C G P W I O A
A R N M E D R M Y H E P F J W F
S B E I S Y S K C I T S P O H C
```

FFEDOG

BOWL

CHOPSTICKS

CWPANAU

BWYD

FFYRC

RHEWGELL

GRIL

JAR

JWG

TEGELL

CYLLYLL

LLETWAD

NAPCYN

POPTY

RYSÁIT

OERGELL

SBEISYS

NODDI

LLWYAU

55 - Government

```
V D S B B O T W H E Y U I A T C
B H T E A D O F A R T D L R H Y
H T E A I R W D A L W O G D N F
E K W R E D N W A I F Y C A H R
K P M L J Y G W G R N V Q L E E
G H T E A I T A R C O M E D N I
A R W E I N Y D D O Y L V X E T
H E D D Y C H L O N L W B H B H
B A D A N N I B Y N I A E T H I
X K O I N S P F L Y U F E I T O
C E N E D L I F I S R M G A I L
B E D L O D D A R D Y C T R A B
I X W S D M Y T Z R G Q O F R H
F S I Q G X X H Q F O C U Y A J
S Y M B O L G L R P B K L C X W
Z C Y F A N S O D D I A D Z O J
```

SIFIL   ARWEINYDD
CYFANSODDIAD   CYFREITHIOL
DEMOCRATIAETH   RHYDDID
TRAFODAETH   HENEB
ARDAL   CENEDL
CYDRADDOLDEB   HEDDYCHLON
ANNIBYNIAETH   ARAITH
BARNWROL   WLADWRIAETH
CYFIAWNDER   SYMBOL
CYFRAITH

56 - Science Fiction

```
L D U D A R D Y W R F F B D L W
C N U I M G H C Q S V G Y Y J I
H E A A E A G I M O T A D S F P
Z F R I N L C G T Z J I F T C U
D R F T I A H S D H L P V O B S
H R Y O S E L C A R O O Z P H Z
Z C L B Z T Y M I Q F T B I W O
G E L O N H C E T X A U L A X G
X C E R G C F Y S O H J A F J D
H U G G N Y E W I B T G N Q N M
V N R G W F M M Y Y I O E M N L
Y D I C M H Z H E X E U D W N W
N A D S Y K E N C G R O G H M K
G W Y C H X F S X Y A R C J S O
Q H O I M Z X T H U D U K T Â N
J G B P D Y F O D O L A I D D T
```

ATOMIG
LLYFRAU
CEMEGAU
SINEMA
DYSTOPIA
FFRWYDRAD
EITHAFOL
GWYCH
TÂN
DYFODOLAIDD

GALAETH
RHITH
DYCHMYGOL
DIRGEL
ORACLE
BLANED
ROBOTIAID
TECHNOLEG
UTOPIA
BYD

57 - Geometry

```
I  D  X  M  F  C  M  H  Q  H  N  X  T  R  N  O
H  K  S  X  F  V  D  Z  J  X  U  O  G  H  W  U
G  L  L  O  R  W  E  D  D  O  L  C  X  I  I  B
H  R  O  X  M  U  K  W  D  C  S  D  H  F  S  K
G  A  O  G  À  S  X  F  E  A  E  I  W  D  N  J
T  P  F  M  S  X  I  O  R  N  G  A  E  T  E  Z
H  C  A  A  L  G  N  O  U  O  M  M  G  R  M  R
E  M  E  X  L  I  K  T  S  L  E  E  W  I  I  Y
O  G  X  F  K  I  N  P  E  R  N  D  Y  O  D  L
R  I  Y  W  Z  E  A  X  M  I  T  R  N  N  H  K
I  G  V  G  J  L  R  D  Y  F  A  E  E  G  P  G
D  A  I  F  I  R  F  Y  C  Z  N  S  B  L  M  N
R  C  W  H  C  L  Y  C  Y  F  O  C  H  R  O  G
H  O  N  G  M  R  C  R  H  E  S  Y  M  E  G  O
S  L  U  L  E  P  V  I  A  Y  V  M  E  J  Y  Z
R  D  X  U  H  D  Z  C  E  F  J  J  T  U  X  M
```

ONGL	MÀS
CYFRIFIAD	CANOLRIF
CYLCH	RHIF
GROMLIN	CYFOCHROG
DIAMEDR	CYFRAN
DIMENSIWN	SEGMENT
HAFALIAD	WYNEB
UCHDER	CYMESUREDD
LLORWEDDOL	THEORI
RHESYMEG	TRIONGL

58 - Creativity

```
M R U A D A I N Y S S C F R S H
Y D A N I B R N Y Z J V U R W Y
N H N S L T B D I G Y M E L L L
E T Y G Y M Y H C Y D I W E N I
G E I I S Y J A H F D D E R G F
I A S T R B J U M I E U S X B E
A I O S W Q U A V B W K Z I H D
N L M I Y R E D R U L G E V T D
T O E T D K V A D D E S Y W D R
M D Q R D G L L A S D E W U G L
F Y J A C A D M S K O T W S L J
A R G R A F F I U Z I D I O I K
Y B G J Y U B E L J W J D C R H
P S S L K S O T Q X E V X I U X
U Y D R A M A T I G T W D I Y J
B N L N M K M J C T E I M L A D
```

ARTISTIG   DELWEDD
DILYSRWYDD   DYCHYMYG
NEWID   ARGRAFF
EGLURDER   YSBRYDOLIAETH
DRAMATIG   DWYSEDD
EMOSIYNAU   GREDDF
MYNEGIANT   BUDDSODDI
TEIMLADAU   TEIMLAD
HYLIFEDD   DIGYMELL
SYNIADAU

59 - Airplanes

```
T E T Q D B S X Q C Y J C H Q P
S E N A H A J U H J R H O D D U
Z J I J E L K A C N D I W V A D
X F Z T Z Ŵ S M L O A T W T I I
Y E A P H N R C Y N I G I O N V
G R J R G W Y M G E R A Z L Y P
U C H D E R Y D R G I N H I G A
T A N W Y D D R Y O E T R E S D
G L A N I O P L W R F U E P I E
D Y L U N I O H A D Y R P L D I
F N O K F R W N N Y C W B M W L
A W F J M O T U I H K Z A P Q A
C H W Y D D O P E I R I A N T D
Z J R U H N T H Z P G H S X I U
O D T F S H Q D V G H O G P U U
T C Z C O S W O I S X R S M P I
```

ANTUR   UCHDER
AWYRGYLCH   HANES
BALŴN   HYDROGEN
ADEILADU   CHWYDDO
CRIW   GLANIO
DISGYNIAD   TEITHWYR
DYLUNIO   PEILOT
CYFEIRIAD   CYNIGION
PEIRIANT   AWYR
TANWYDD   CYNNWRF

60 - Ocean

```
G A Y H S W P O T C O D G X Y L
N W L N X I N N N D E K G H O L
O N Y G T L A N W I T Y W P T Y
D A N M Â S B R A K G H I Y O S
D L N R O U W Ô C N A R C S N Y
I L Y O M N R M X E B E D G N W
I L C T R I C D C L J D V O A O
X L Z S U F J O B A Y U E D U D
W F B Y Y F G R Z H C G U R G Y
E X F R G L I F R O M M K Q H K
Z M P T N O F E B E R D Y S X Z
Y D S S H D X L E R W C Y B H D
J I C Y V R J G N R U P U S U S
J U S W A E W S G B C I F N R J
Q F P W S O N B D H F W J L W X
H F X V C N L T N T D T O S L O
```

ALGÂU
CWREL
CRANC
DOLFFIN
LLYSYWOD
PYSGOD
SGLEFROD MÔR
OCTOPWS
WYSTRYS
HALEN

GWYMON
SIARC
BERDYS
NODDI
STORM
LLANW
TIWNA
CRWBAN
TONNAU
MORFIL

61 - Force and Gravity

```
I  T  O  U  Q  C  V  Y  Q  R  T  D  T  C  F  V
C  L  I  Z  A  N  L  I  R  L  N  Y  R  Y  F  Y
M  Y  Q  W  I  R  I  G  T  V  A  N  E  F  I  L
L  A  N  J  H  Z  G  A  L  W  I  A  H  L  S  H
O  K  G  N  E  F  F  A  I  T  H  M  A  Y  E  B
N  R  C  N  I  Y  U  E  Y  N  T  I  N  M  G  R
A  E  B  X  E  G  R  B  Z  I  I  G  G  D  I  X
C  S  Z  I  K  T  B  K  M  A  R  N  U  E  H  X
Y  M  M  W  T  N  E  M  O  M  F  U  D  R  P  W
H  A  H  Z  G  H  S  G  D  Z  F  L  O  Q  V  H
V  B  G  D  B  L  G  D  D  W  R  E  C  H  E  L
M  E  C  A  N  E  G  E  I  A  Y  J  Y  G  G  S
P  W  Y  S  A  U  J  E  E  P  E  L  L  T  E  R
D  A  R  G  A  N  F  Y  D  D  I  A  D  K  G  T
E  J  R  M  C  Y  F  F  R  E  D  I  N  O  L  U
H  Y  R  E  B  N  F  K  T  M  O  T  R  Y  V  Z
```

ECHEL	MECANEG
CANOL	MOMENTWM
DARGANFYDDIAD	CYNNIG
PELLTER	ORBIT
DYNAMIG	FFISEG
EHANGU	PWYSAU
FFRITHIANT	EIDDO
EFFAITH	CYFLYMDER
MAGNETEG	AMSER
MAINT	CYFFREDINOL

62 - Birds

```
G Q Z K G E U O P N V D J L P A
I S N L D L A M S H K E I W A L
B L Q H G Z R W L L O E T F R A
C R Ë Y R B Z Â W Y V N R U O R
I P C P O O S W I C Y B V Y T C
G Ŵ Y D D J V N I W G N E P R H
F J A X B R V Â S P Y Z S V A H
B O D C V A H R M G S C T A B W
E F O K U G P F O R U O R T G Y
P D E D W Y D D Q F H L Y S U A
Q E F F L A M I N G O O S W Y D
V F L B Y J O B Y O G M Y M B E
Y V H I O M P H R G U E E Q O N
A R N A C W T V E A I N O C I C
T C R O L A G K D J A S P G P N
G I F U T J N U A P K U V S R X
```

DEDWYDD	CRËYR
CYW IÂR	ESTRYS
FRÂN	PAROT
GOG	PAUN
COLOMEN	PELICAN
HWYADEN	PENGWIN
ERYR	ADERYN
WY	CICONIA
FFLAMINGO	ALARCH
GŴYDD	TWCAN

63 - Art

```
C P L O B M Y S P S N Q G M Q M
Y O O C N F F I G U R W W W V Y
F R N I Y E S R R B S B E N R N
A T O L M Y S D L E P F L W L E
N R S O N F G T G N Z J E G H G
S E R D C Y M H L E T H D O Z I
O A E Y G S C E Y R G K O V V A
D D P R W W W S F H U F L S P N
D U H B R R C G C E R F L U N T
I P W S E E R I Z F U O W B W I
A W Y Y I A E M J W W D L C A W
D N L W D L U A D A I T N E A P
L C I R D A F R K W Y A B U V E
E D A L I E L E R H Z L U G J B
G A U S O T V C X N F U E C T T
A Q K J L H I S J L B V W F N U
```

CERAMIG
CYMHLETH
CYFANSODDIAD
CREU
MYNEGIANT
FFIGUR
ONEST
YSBRYDOLI
HWYLIAU
GWREIDDIOL

PAENTIADAU
PERSONOL
PORTREADU
CERFLUN
SYML
PWNC
SWREALAETH
SYMBOL
GWELEDOL

64 - Nutrition

```
Q  S  W  T  V  A  K  E  G  I  F  D  E  Y  N  A
Q  W  P  H  C  H  R  E  J  A  V  V  I  D  Z  R
C  A  R  B  O  H  Y  D  R  A  D  A  U  Z  I  C
L  S  G  E  Y  N  J  Y  U  E  V  N  A  Q  I  H
U  A  W  L  W  G  C  H  A  P  P  T  M  F  L  W
W  L  E  G  J  H  E  C  Ï  R  U  L  M  K  Q  A
A  T  N  V  E  F  C  E  R  O  I  E  E  V  I  E
R  J  W  C  M  D  O  I  O  T  T  L  Y  S  S  T
F  M  Y  U  W  E  N  K  L  E  Q  X  C  F  U  H
E  A  N  J  K  I  H  C  A  I  C  I  M  R  G  Y
R  E  E  X  W  E  Q  Y  G  N  I  M  A  T  I  F
I  T  G  W  E  T  S  T  D  A  I  L  U  E  R  T
O  H  W  S  A  G  W  B  B  U  B  L  A  S  J  V
N  U  F  C  M  D  D  W  A  S  N  A  K  G  G  S
M  F  N  R  U  K  U  Y  P  W  Y  S  A  U  N  C
E  F  D  Y  U  D  F  S  B  W  Y  T  A  D  W  Y
```

ARCHWAETH	ARFERION
CYTBWYS	IECHYD
CHWERW	IACH
GALORÏAU	MAETH
CARBOHYDRADAU	PROTEINAU
DEIET	ANSAWDD
TREULIAD	SAWS
BWYTADWY	GWENWYN
EPLESU	FITAMIN
BLAS	PWYSAU

65 - Hiking

```
E  C  A  W  G  I  R  R  E  C  H  H  S  V  S  F
D  D  D  D  W  A  S  N  I  H  I  A  P  L  B  L
S  N  B  H  E  P  E  L  N  P  D  W  W  J  O  I
F  E  F  K  R  V  Q  D  U  T  I  S  S  F  Q  N
H  W  C  H  S  C  A  N  L  L  A  W  I  A  U  E
N  A  N  X  Y  G  L  P  P  X  I  C  O  J  T  D
N  A  U  V  L  W  P  A  E  G  L  Y  T  V  W  I
N  D  T  L  L  Y  I  R  R  T  I  F  A  L  D  G
Q  A  B  U  A  L  R  C  Y  A  E  E  R  Ŵ  D  Z
I  T  H  A  R  L  A  I  G  Y  F  I  A  N  J  G
Z  L  E  I  A  T  N  A  L  W  I  R  P  B  Y  L
U  T  Z  D  Q  A  V  U  O  K  N  I  H  A  H  I
C  A  A  I  T  R  W  M  N  L  A  A  D  F  M  C
P  B  V  G  M  Y  N  Y  D  D  S  D  U  W  E  V
I  T  A  S  J  M  T  Y  W  Y  D  D  S  F  Y  Q
T  I  D  E  C  L  O  G  W  Y  N  T  J  T  S  W
```

ANIFEILIAID	NATUR
ESGIDIAU	CYFEIRIAD
GWERSYLLA	PARCIAU
CLOGWYN	PARATOI
HINSAWDD	CERRIG
CANLLAWIAU	HAUL
PERYGLON	FLINEDIG
TRWM	DŴR
MAP	TYWYDD
MYNYDD	GWYLLT

66 - Professions #1

```
C O Y I R N K W Q D I O N J G P
D A L L Y S G E N N A D W K O L
A T R W D D R O F F Y H E I L Y
W A W T Y T T D V H Q W H W Y M
N O G D O R O D D R E C D N G W
S L E K J G Y Y S W N L N Z Y R
I R R S W X R N R R F D W D D C
W M A T N X W A O O H A M Y D L
R D E H Y X D I P M S L V T R G
M A A Q V N D P C H M C H W W E
V G D I D P Y A B K E F T R I M
T E I L I W R T P Q S R Y N C Y
Q O N J Z R E Y F L G U X A N D
M E D D Y G S B D F S X W I A D
N I N S E I C O L E G Y D D B O
M I L F E D D Y G T I T P E C M
```

LLYSGENNAD   HELWYR
SERYDDWR   GEMYDD
TWRNAI   CERDDOR
BANCIWR   NYRS
CARTOGRAPHER   PIANYDD
HYFFORDDWR   PLYMWR
DAWNSIWR   SEICOLEGYDD
MEDDYG   MORWR
GOLYGYDD   TEILIWR
DAEAREGWR   MILFEDDYG

67 - Barbecues

```
F  X  B  K  T  W  L  O  O  N  O  D  E  L  W  N
B  Q  E  O  D  O  S  A  W  S  U  T  Z  L  V  E
C  Y  W  I  Â  R  M  H  A  F  J  U  H  Y  I  W
Q  F  Q  B  X  K  U  A  M  E  G  N  D  S  Z  Y
S  A  L  A  D  A  U  G  T  B  W  Y  D  I  F  N
Q  K  S  D  G  N  L  X  V  O  O  X  F  A  F  T
W  H  U  B  Q  L  J  U  Z  T  S  P  O  U  Y  E
C  E  R  D  D  O  R  I  A  E  T  H  L  J  R  U
C  N  E  K  J  X  C  C  P  Q  B  T  H  A  C  L
D  I  G  R  I  L  Q  Z  R  T  D  E  A  M  N  U
E  U  N  M  D  A  C  F  I  E  W  O  L  T  L  T
S  E  N  I  C  Y  L  L  Y  L  L  P  E  H  C  O
J  B  F  V  O  F  F  R  W  Y  T  H  N  M  H  E
F  F  R  I  N  D  I  A  U  B  D  J  Q  Q  M  A
F  E  X  F  I  F  Y  U  D  Q  B  Y  R  A  L  N
P  U  C  U  R  F  V  E  E  D  H  C  T  O  D  D
```

CYW IÂR	POETH
PLANT	NEWYN
CINIO	CYLLYLL
TEULU	CERDDORIAETH
BWYD	SALADAU
FFYRC	HALEN
FFRINDIAU	SAWS
FFRWYTH	HAF
GEMAU	TOMATOS
GRIL	LLYSIAU

68 - Chocolate

```
F O S S I S C X M Z G G A E G G
L T G Z N Y L R R K I K C P H I
C A Z T W H X L E M A R A C B E
O L V K Z M A K B F X Z M S S W
E X D E Y M A A K L F E D Q M Q
D G Z Z C A N D Y G A T Q N L Z
R H S Y L E M Y F O S S W D J G
R D W O P N B O Q R E T U Y E K
G D C Z T H O F F A X D C S R K
W W H Q D I C Y N H W Y S I O N
I A W O E Y G C N A U C O C O B
S S E G W R T H O C S I D I O L
A N R Z Z K I U A Ï R O L A G J
L A W J L B N Z C M G H D A A D
B N G L U H W G A Z D V E M J B
R Y S Á I T C V C U V W B U B J
```

GWRTHOCSIDIOL   EGSOTIG
AROGL   HOFF
CREFFTWYR   CYNHWYSION
CHWERW   POWDR
CACAO   ANSAWDD
GALORÏAU   RYSÁIT
CANDY   SIWGR
CARAMEL   MELYS
CNAU COCO   BLAS
BLASUS

69 - Vegetables

```
P B R O C O L I A E A Q I C D H
M W M I M O R O N G E L L R A G
A V M Q S Y P Y O G C P V X L F
I S V P C N G V I P A C D R A H
P A R U E H I Q N L R A D I S H
R G B B J N X S U A W V V A L I
T O M A T O S Z I N H H Q Z Z O
P I Y G W S P U I T G Z Q Z H C
E S C Z A U Y S E L E R I D C H
R I W M O U K L Z K F I F D R N
S T I W I A I M G A R Z T P A U
L R C I B X E T W O L E W Y D D
I A B C K Q U Z P M G H W G A Q
B L O D F R E S Y C H I L Z M T
A C Z X F Q V O V N I C B Z M X
W X O M S W C K L H M N R S H R
```

ARTISIOG	OLEWYDD
BROCOLI	UNION
MORON	PERSLI
BLODFRESYCH	PYS
SELERI	PWMPEN
CIWCYMBR	RADISH
EGGPLANT	SALAD
GARLLEG	SBIGOGLYS
SINSIR	TOMATO
MADARCH	MAIP

70 - The Media

```
U K U U H J I L I E G A A J C F
C A D D Y S G B V A E D Y T Y F
Y E D A I F F A R G R A T F L E
F B I D C X T L D T A X W L C I
A Y L P E Y P M A W D Q O L H T
T L L Q O W H A R L E I N E G H
H M Y O V T G O I D A R X O R I
R R C H V R O A E T P G K L O A
E S B P E T N A I D Y W I D N U
B V X T L O D I G I D H K T A G
U L V G V U C B A R N U O S U K
D E L W E D D A U H T T S A C K
W X B B M G M A S N A C H O L M
D E A L L U S O L O G I N U Y P
H Y S B Y S E B I O N U E F L Z
C R X X I R H W Y D W A I T H S
```

HYSBYSEBION	UNIGOL
AGWEDDAU	DIWYDIANT
MASNACHOL	DEALLUSOL
CYFATHREBU	LLEOL
DIGIDOL	CYLCHGRONAU
ARGRAFFIAD	RHWYDWAITH
ADDYSG	AR-LEIN
FFEITHIAU	BARN
CYLLID	CYHOEDDUS
DELWEDDAU	RADIO

71 - Boats

```
L R O B A N G O R F A Y W M C R
W S T N A I R I E P F Z V D A H
M Q Y O Q D Y T K A D E X D I A
R E Z F T W A B R T V O R G A F
J A M A V W O C H N N C W I C F
M O R W R O L O H Z W I R C F H
Y I B X O I B D X U F I O W I K
R L C E N D E B V L B O M C C K
T Y A L I T G O H L X D M H P B
R W M Z U W H K L Q E P O H O F
F H Ô F D M P V J P F R F W F A
V U R Q J J R F B B D Y S Y Y C
P Q Q G Ŵ E W U B F U N C L D O
I S L L Y N U G H P S U S I W N
W F K Q E Z A Q A H J W V O T I
C E F N F O R C O L M Z C L V D
```

ANGOR	MWYAF
PRYNU	MORWROL
CANŴ	CEFNFOR
CRIW	LLU
DOC	AFON
PEIRIANT	RHAFF
FFERI	CWCH HWYLIO
CAIAC	MORWR
LLYN	MÔR
BAD ACHUB	HWYLIO

72 - Driving

```
D A H I A G P B S N G B V U I T
I T R E R E Y W N L I E C A R A
O W E S D F O R S V F I O I G N
G N D N L D U K R Y F C P C C W
E N M I E C L I S W A M P E T Y
L E Y A O E R U L W R O V R Z D
W L L W P R T O G E T D T B J D
C K F M F D R O D T Y U R X Q L
H C Y A E D O U S P F R W H O H
A A C D Z W U J X G D F Y B L H
D O Z M P Y P E R Y G L D D O E
G T J B F R J R B T H B D L R N
F F O R D D H A U L S J E N I U
U P M O D U R G K R X K D W F I
X T T K W N F W B C P S H L N R
K Z F N K D W K E P Y T K W J C
```

DAMWAIN	MODUR
BRECIAU	BEIC MODUR
CAR	CERDDWYR
PERYGL	HEDDLU
GYRRWR	FFORDD
TANWYDD	DIOGELWCH
GAREJ	CYFLYMDER
NWY	TRAFFIG
TRWYDDED	LORI
MAP	TWNNEL

73 - Biology

```
E N W J V H E O P J G F B D W X
N N D N E O D N W Z P G T O F D
S I M L E R W E P R N H I B L P
Y W R X C M N G L W I Q S G I A
M R T C F O F A I R E T C A B T
H O R L R N G L T O T I E X J H
W N E D E O E O U U O K H Y B O
I A I Q N V M C O Y R B M E K G
C E G Z E E O O J S P I S R X E
N J L J S N T T S F M G O I E N
B V A Z P K A S T O Q O L L E C
I U D W A Y N B R Q M G S Y T O
L A D Q N L A M A M B X V I R I
E S B L Y G I A D Y Z P O Y S U
Y M L U S G I A I D G C X W V E
S Y M B I O S I S Z I Z D D K E
```

ANATOMEG
BACTERIA
CELL
CROMOSOM
COLAGEN
EMBRYO
ENSYM
ESBLYGIAD
HORMON
MAMAL

TREIGLAD
NATURIOL
NERF
NIWRON
OSMOSIS
PATHOGEN
PROTEIN
YMLUSGIAID
SYMBIOSIS
SYNAPSE

74 - Professions #2

```
P  Z  Y  M  C  H  W  I  L  Y  D  D  N  F  F  J
O  E  L  L  A  W  F  E  D  D  Y  G  O  E  F  J
R  W  I  T  N  I  E  P  B  B  K  K  Y  B  O  H
H  P  L  L  D  E  I  N  T  Y  D  D  I  P  T  N
T  Z  E  I  O  D  I  T  E  C  T  I  F  S  O  E
A  Q  Q  B  W  T  C  J  Y  X  L  N  X  L  G  W
D  D  Y  N  O  R  H  T  A  H  T  L  A  J  R  Y
D  A  B  I  O  L  E  G  Y  D  D  W  A  D  A  D
Y  H  R  L  P  R  G  V  Y  J  B  T  E  A  F  D
H  F  W  L  H  F  X  B  I  D  N  U  V  G  F  I
T  S  D  J  U  Y  H  U  R  V  D  M  G  O  Y  A
I  J  D  X  K  N  X  R  W  M  R  E  F  F  D  D
E  X  R  T  S  W  Y  C  G  C  V  N  M  O  D  U
I  O  A  D  Y  R  A  D  O  S  O  E  A  D  L  R
A  Z  G  R  G  C  P  B  D  G  S  B  R  W  R  W
D  Y  F  E  I  S  I  W  R  S  P  S  S  R  L  R
```

GOFODWR	IEITHYDD
BIOLEGYDD	PEINTIWR
DEINTYDD	ATHRONYDD
DITECTIF	FFOTOGRAFFYDD
FFERMWR	MEDDYG
GARDDWR	PEILOT
DARLUNYDD	YMCHWILYDD
DYFEISIWR	LLAWFEDDYG
NEWYDDIADURWR	ATHRO

75 - Emotions

```
N  J  F  P  L  A  A  Q  D  G  W  R  J  K  E  K
R  C  I  O  D  A  L  M  I  E  D  M  Y  D  Y  C
Z  D  C  R  D  S  Y  N  D  O  D  O  O  K  A  I
Q  S  K  H  T  L  D  G  A  I  Y  N  Y  F  A  U
U  C  M  D  Y  E  O  I  H  R  N  I  P  B  N  C
E  A  N  H  N  W  C  N  F  J  E  M  S  H  G  U
G  R  I  D  E  A  G  V  T  L  W  X  R  O  P  L
C  E  P  I  R  D  H  F  U  S  A  Q  I  W  L  S
R  D  H  C  W  T  S  I  R  T  L  S  F  S  O  C
H  I  C  T  C  T  C  M  A  R  L  A  T  U  N  Y
Y  G  W  E  H  H  V  M  C  D  O  F  N  O  E  N
D  R  D  R  A  G  H  C  L  O  I  D  U  R  D  N
D  W  D  L  L  O  N  Y  D  D  W  C  H  F  D  W
H  Y  E  R  T  F  O  U  L  M  D  W  C  F  M  Y
A  D  H  K  W  W  W  Y  N  F  Y  D  T  Y  A  S
D  D  V  Y  L  N  I  I  S  R  X  C  Y  G  H  M
```

DICTER	CARU
WYNFYD	HEDDWCH
DIFLASTOD	HAMDDENOL
DAWEL	RHYDDHAD
CYNNWYS	TRISTWCH
GYFFROUS	FODLON
OFN	SYNDOD
DIOLCHGAR	CYDYMDEIMLAD
LLAWENYDD	TYNERWCH
CAREDIGRWYDD	LLONYDDWCH

76 - Mythology

```
Z A T B P A M C U H M Y D Y S T
E F N W J Q X Z E T A S Z G F R
T X A G G V W O R N K I O Y T Y
H D I I H D Z W C I F H L C Z C
C K L C B E D T G R A I B I F H
R M L R M Y N S L Y U J G H F I
L P Y E E L M F A B R P P E S N
X U W A D O C D I A G T T C N E
M N I D D O Z A D L O W R A M B
O K D U W O U Y M Y X J W P Z N
F L P R L D E W H C G M R B B E
C R Y F D E R G N Q I I A Y C F
A N F A R W O L D E B U A S Q O
C R E D O A U A I W U D P D Z E
R H Y F E L W R S Q V P J Z Z D
K U G K J T J M E L L T L I N D
```

YMDDYGIAD	CENFIGEN
CREDOAU	LABYRINTH
CREU	CHWEDL
CREADUR	MELLT
DIWYLLIANT	ANGHENFIL
DUWIAU	MARWOL
TRYCHINEB	DIAL
NEFOEDD	CRYFDER
ARWR	MEDDWL
ANFARWOLDEB	RHYFELWR

77 - Agronomy

```
S  Y  S  T  E  M  A  U  H  C  R  Y  H  N  Y  C
L  L  Y  G  R  E  D  D  K  F  K  R  X  Q  Q  A
G  U  F  P  E  V  Z  C  S  R  G  D  U  W  O  A
A  W  B  G  G  L  A  M  G  Y  L  C  H  E  D  D
D  A  Y  I  Z  I  O  I  M  R  E  F  F  D  Ŵ  R
N  S  B  D  L  R  E  C  H  X  E  Z  R  H  G  H
A  T  W  E  D  E  P  L  E  J  A  U  A  D  A  H
B  U  Y  L  N  O  I  G  I  H  N  A  L  P  L  K
O  D  D  W  L  I  N  W  Z  O  K  I  O  T  O  N
D  I  J  G  I  O  U  I  X  X  D  S  R  P  W  S
U  A  D  Y  F  E  L  C  A  M  T  Y  G  Y  P  F
N  E  G  O  A  S  E  J  N  E  I  L  A  T  L  X
J  T  F  X  E  M  U  A  F  T  T  L  N  H  X  U
U  H  H  S  B  G  E  Y  W  W  I  H  I  X  E  S
O  D  B  Y  N  N  I  B  G  B  V  H  G  Q  J  R
M  N  X  J  G  W  R  T  A  I  T  H  Z  X  M  Y
```

CLEFYDAU	PLANHIGION
ECOLEG	LLYGREDD
YNNI	CYNHYRCHU
AMGYLCHEDD	GWLEDIG
FFERMIO	GWYDDONIAETH
GWRTAITH	HADAU
BWYD	ASTUDIAETH
TWF	SYSTEMAU
ADNABOD	LLYSIAU
ORGANIG	DŴR

78 - Hair Types

```
I  I  B  A  M  F  T  D  D  B  J  H  H  L  T  A
Z  C  Y  G  O  I  L  R  Y  C  L  G  K  L  E  C
S  I  R  A  E  J  S  P  T  H  A  O  P  I  N  G
T  N  X  B  L  D  D  Z  Y  R  D  I  N  W  A  E
L  R  H  D  Z  A  R  I  A  N  D  N  N  D  U  K
G  W  Y  N  O  M  I  H  I  J  E  I  B  Y  K  I
M  J  G  S  Z  P  H  T  V  Z  M  E  F  W  F  G
P  M  I  K  G  I  D  E  H  T  E  L  P  L  K  D
M  T  B  G  W  Z  J  L  Z  B  K  G  M  L  O  F
T  E  Y  B  O  A  Y  B  D  U  C  S  L  R  U  C
F  R  I  C  B  N  D  H  E  P  Q  O  X  Y  U  I
I  C  W  V  D  E  Y  H  K  C  A  B  V  C  U  V
X  J  L  C  F  U  P  W  U  N  M  R  I  A  C  H
R  R  U  P  H  C  Y  S  N  T  P  O  G  B  P  X
N  F  B  L  H  U  H  A  P  O  A  W  Q  T  B  A
R  Q  D  E  E  D  S  V  M  U  T  N  O  M  O  F
```

MOEL	LLWYD
DU	IACH
BLOND	HIR
PLETHEDIG	SGLEINIOG
BLETHI	BYR
BROWN	ARIAN
LLIW	MEDDAL
CURLS	TRWCHUS
CYRLIOG	TENAU
SYCH	GWYN

79 - Garden

```
G W L Q D Q T H V J G F A B K C
A N A H J A S A R E T A F O G R
R O W P W L L M I N I G R E V U
E H N Y W H C M W L D B D D N L
J C T O N Y D O L B E I W V D S
W I N W Y D D C C Y N T E D D L
R U Î I R H G K H R T R I C P L
H K L O A F C C X N W H Z Q I W
A S O T Z M R J L Z R H A W B Y
C G P T L L E W S A L G M W E N
A Z M I B H I P L G C I Y K L X
P C A B H Q G B A M X N K H L R
N Y R D R F I C O E D R R O A T
D E T C K W A X I J Q W Z N P H
P O H B G H U R A F J E G O T F
I F T C R Y E D K H O O B W I S
```

MAINC	PWLL
LLWYN	CYNTEDD
FFENS	RHACA
BLODYN	CREIGIAU
GAREJ	RHAW
GARDD	TERAS
GLASWELLT	TRAMPOLÎN
HAMMOCK	COED
PIBELL	WINWYDD
LAWNT	CHWYN

80 - Countries #1

```
F  P  I  E  P  L  M  Y  H  K  W  R  M  G  Q  O
V  N  Y  N  N  A  E  H  G  Z  N  O  I  W  N  U
O  C  O  R  O  M  N  A  X  S  I  M  K  L  Y  T
T  F  F  I  A  R  Y  A  U  M  C  A  B  A  W  C
F  R  V  H  C  L  I  U  M  S  A  N  P  D  R  A
A  F  G  O  W  K  M  G  C  A  R  I  S  P  V  N
H  G  I  M  Z  X  L  A  W  M  A  A  E  W  F  A
X  U  T  N  F  Q  O  I  E  A  G  L  N  Y  G  D
W  U  P  O  D  Y  Y  F  T  N  U  Z  E  L  N  A
O  H  X  Y  F  I  W  T  U  T  A  Q  G  M  K  Y
B  R  A  S  I  L  R  A  Z  E  Y  F  A  G  Q  H
X  J  N  M  Y  O  L  X  I  B  S  L  Z  N  Q
I  S  R  A  E  L  N  G  U  F  I  B  L  I  D  U
G  W  J  R  Y  R  E  I  D  A  L  A  N  N  O  G
A  X  O  P  S  P  A  L  E  U  Z  E  N  E  V  K
V  R  Y  K  B  Q  F  Y  H  X  R  N  H  N  F  V
```

BRASIL
CANADA
YR AIFFT
FFINDIR
YR ALMAEN
IRAC
ISRAEL
YR EIDAL
LATFIA
LIBYA

MOROCO
NICARAGUA
NORWY
PANAMA
GWLAD PWYL
ROMANIA
SENEGAL
SBAEN
VENEZUELA
FIETNAM

81 - Adjectives #1

```
J  C  B  H  Z  D  L  J  U  F  A  E  C  H  O  A
K  I  H  Y  R  E  B  P  P  N  H  Y  U  A  T  B
G  D  H  G  I  N  D  V  W  R  B  U  C  P  A  S
O  O  Q  V  R  I  L  L  Y  W  Y  T  H  U  R  O
R  N  Y  Y  K  A  Y  E  S  I  A  J  E  S  T  L
A  F  E  O  B  D  D  A  I  Q  L  I  L  F  I  I
U  R  S  S  P  O  T  H  G  E  U  H  G  N  S  W
A  N  O  J  T  L  E  A  R  A  F  L  E  A  T  T
R  Q  I  M  B  E  N  R  E  D  O  M  I  H  I  D
H  I  G  O  A  S  A  D  Q  Q  R  W  S  Z  G  E
B  M  R  Q  N  T  U  M  M  T  H  R  I  A  V  P
L  O  F  I  R  F  I  D  S  G  I  T  O  S  G  E
H  A  R  D  D  W  N  G  T  C  Y  T  L  X  L  T
D  D  E  F  N  Y  D  D  I  O  L  C  C  Y  I  O
G  W  E  R  T  H  F  A  W  R  L  Q  H  F  J  X
O  E  J  P  N  O  P  B  N  F  X  H  N  X  W  S
```

ABSOLIWT	TRWM
UCHELGEISIOL	DDEFNYDDIOL
AROMATIG	ONEST
ARTISTIG	UNION
DENIADOL	PWYSIG
HARDD	MODERN
TYWYLL	DIFRIFOL
EGSOTIG	ARAF
HAEL	TENAU
HAPUS	GWERTHFAWR

82 - Rainforest

```
X Z H B Z B S C S I P A Z R C S
I S E O R O G Y Q D I M I H Y W
S J W L A T U M Y I T R B Y N J
J Y N G L A R U T A N Y C W H V
C F G W L N E N L I R W V O E F
T Y C R Y E F E V L W I K G N C
S B M Q G G D D B A A A A A I A
W R O Y P O A P I M F E M E D D
Z D C H L L S Y B A H T F T E W
C D X L Y A Q I N M T H F H F R
P W M Z X F U V U W R M I A Y A
E A U J X N T V X T E D B U R E
X S R A D A R Z C V W Q I T P T
B N P C X F M W S O G L A F L H
F I S E H C O L L N I C I X A B
O H I N U X K D F Q F C D G A W
```

AMFFIBIAID	MAMALIAID
ADAR	MWSOGL
BOTANEGOL	NATUR
HINSAWDD	CADWRAETH
CYMYLAU	LLOCHES
CYMUNED	PARCH
AMRYWIAETH	ADFER
CYNHENID	RHYWOGAETHAU
PRYFED	GOROESI
JYNGL	GWERTHFAWR

83 - Global Warming

```
Y  Z  T  K  H  D  D  Y  N  O  D  D  Y  W  G  C
V  T  Z  L  O  D  O  F  Y  D  A  D  A  L  N  E
X  H  Y  G  H  W  H  T  C  L  T  E  R  Y  G  N
G  I  T  C  R  A  Z  N  X  M  B  O  G  S  G  E
L  L  I  E  W  S  G  A  M  M  L  N  Y  R  Z  D
Y  L  S  K  A  N  X  I  Z  D  Y  I  F  Y  Q  L
T  R  Y  C  N  I  P  D  H  F  G  F  W  A  I  A
Q  Z  S  W  I  H  R  Y  N  W  U  E  N  Y  Q  E
H  S  I  Q  O  Z  N  W  Y  Q  T  N  G  N  D  T
O  O  A  F  A  D  Z  I  F  F  W  Y  K  N  Q  H
O  A  P  C  I  R  R  D  L  D  T  C  G  I  A  A
U  T  T  R  D  F  O  A  L  Q  D  F  L  V  G  U
V  Q  G  V  G  V  T  H  E  J  M  E  D  A  T  A
T  Y  M  H  E  R  E  D  D  T  S  Z  D  X  W  B
A  X  D  Q  Q  Z  B  M  M  Z  H  H  O  R  E  A
R  H  Y  N  G  W  L  A  D  O  L  R  D  P  H  B
```

ARCTIG	CENEDLAETHAU
SYLW	LLYWODRAETH
HINSAWDD	CYNEFINOEDD
ARGYFWNG	DIWYDIANT
DATA	RHYNGWLADOL
DATBLYGU	DEDDFWRIAETH
YNNI	NAWR
DYFODOL	GWYDDONYDD
NWY	TYMHEREDD

84 - Landscapes

```
B O E L Z R M V Z B L Y G K L W
I L J L P E H Y G D C S L I A M
U Q A Y L S T E N O F A O L N Z
I A S N W Y E F W Y P E G M I D
H I D H F E A T B L D O U Q A V
H B D W G G R R M F I D D H L W
O S Y N Y R T B Z E B F T P W E
M Y N Y D D I Â T U N D R A C R
E J Y H U G X C I T D P D Ô H D
Z Z F O G O Y E G U K E A K M D
L B G S H D B F W I Q N E X X O
W L S R O G T N E X V R A W U N
P U O Y T Z J F K V F H H N Z T
E L L J M S Y O V S D Y R K W X
H V L E B I X R I Y V N V T R W
D Y F F R Y N B R Y N F Y R C Q
```

TRAETH   WERDDON
OGOF   CEFNFOR
ANIALWCH   PENRHYN
GEYSER   AFON
RHEWLIF   MÔR
BRYN   GORS
MYNYDD IÂ   TUNDRA
YNYS   DYFFRYN
LLYN   LLOSGFYNYDD
MYNYDD   RHAEADR

85 - Plants

```
J  F  J  T  D  N  U  R  E  I  D  D  E  W  L  L
L  X  D  Z  T  S  C  L  G  R  I  Y  P  Q  B  L
O  L  M  F  F  C  S  E  O  J  I  P  T  P  F  Y
I  I  Y  Z  W  M  X  X  Z  R  J  E  G  Q  H  S
J  D  U  S  F  A  E  X  S  U  T  C  A  C  H  T
N  D  B  W  I  I  J  D  I  L  L  X  G  C  H  Y
B  I  J  K  T  E  D  H  Z  L  L  I  A  D  F
J  A  R  O  L  F  U  P  B  A  E  O  W  C  C  I
U  R  J  Q  R  U  L  E  E  H  W  W  D  Y  K  A
M  W  S  O  G  L  S  C  G  T  S  S  E  J  N  N
E  G  A  R  D  D  Z  U  M  I  A  O  O  C  Y  T
T  C  L  J  A  J  D  B  L  A  L  L  C  H  D  W
S  I  Z  F  F  A  C  S  W  T  G  U  O  R  O  L
C  O  E  D  S  T  H  N  O  R  E  A  G  I  L  K
M  Y  Q  R  Y  U  L  H  R  W  Ŵ  B  M  A  B  Q
A  F  H  P  F  W  K  S  Y  G  J  Z  J  E  R  D
```

BAMBŴ	COEDWIG
FFA	GARDD
AERON	GLASWELLT
LLYSIEUEG	EIDDEW
LLWYN	MWSOGL
CACTUS	PETAL
GWRTAITH	GWRAIDD
FLORA	STEM
BLODYN	COED
DAIL	LLYSTYFIANT

86 - Boxing

```
L A P S B W T G I H S D E E U T
T L Q W K B O S Y Q U N X T J I
S V J N Y Q O Z X O A P G Z L L
X P I B V N H F U A D L L M W C
F F O C W S T K F I A A V E V R
K S I Y L D Z I H D I B E K X Y
H J C F E C W U A F F A H R Y F
H P I R E F D A F U A B B C M D
H R C U W A R D D A N G O S L E
E R F N I L E N E P A R C G A R
C O R N E L O C O R F F W K D L
G W R T H W Y N E B Y D D D D U
M E N I G C R Ê A C Y F L Y M O
L G G C L O C H A C K T F N R T
R C N T B Y L I N Z A G D E W H
N X V Q D E Q X N T O D J U J U
```

CLOCH	ANAFIADAU
CORFF	CICIO
ÊN	GWRTHWYNEBYDD
CORNEL	PWYNTIAU
PENELIN	CYFLYM
ARDDANGOS	ADFER
YMLADD	CANOLWR
DWRN	RHAFFAU
FFOCWS	CRYFDER
MENIG	

87 - Countries #2

```
S C O U L L I X O M X W I Y A A
Y E L K I L M Y Q E U E Z T V T
R B W E B G R C Z C R A M N E D
I R U Q A I V F M S O A L A S V
A S N P N N A T S I K A P P W L
G L U U U G R I M C V J U A F S
W I W D S P L C V O W N B J W K
L B C J A I R E G I N R V M O P
A E R L I N E Z J L T R W S I A
D R Á N N C A T I M U I P B Z C
G I I C A R F D H B H W A P M I
R A N U B L B H U I K I I H U A
O M N Y L A P E N E O W G T J M
E J C D A I L A M O S P Z S D A
G U G A N D A K X F F D I V A J
R U V J D L O Y J S V S V A H I
```

ALBANIA
DENMARC
ETHIOPIA
GWLAD GROEG
HAITI
JAMAICA
JAPAN
LAOS
LIBANUS
LIBERIA

MECSICO
NEPAL
NIGERIA
PAKISTAN
RWSIA
SOMALIA
SUDAN
SYRIA
UGANDA
WCRÁIN

88 - Ecology

```
E  O  O  C  F  T  D  A  S  T  G  G  C  E  U  L
C  Y  M  U  N  E  D  A  U  Z  O  J  C  H  S  L
M  O  R  O  L  V  E  F  S  E  R  U  M  R  W  Y
P  N  K  Z  U  H  O  T  Z  I  O  R  Y  I  H  S
C  A  D  F  M  Z  D  M  E  S  E  G  F  K  G  T
X  T  N  T  H  Z  D  D  W  A  S  N  I  H  O  Y
U  U  G  W  T  T  Y  M  C  Y  I  L  U  Q  R  F
D  R  I  C  O  M  N  D  V  K  O  V  X  I  S  I
F  L  O  R  A  C  Y  N  A  L  I  A  D  W  Y  A
C  O  E  E  Y  J  M  G  B  F  I  V  E  Z  W  N
Y  I  V  D  G  M  R  S  V  Y  F  G  V  K  T  T
N  R  E  H  D  P  Q  A  F  J  D  A  S  C  O  D
E  U  F  C  Z  B  K  V  B  A  C  E  W  D  Y  S
F  T  O  Y  A  D  N  O  D  D  A  U  A  N  B  D
I  A  I  S  Z  S  I  S  Z  K  Q  Q  B  N  A  Q
N  N  R  H  Y  W  O  G  A  E  T  H  A  U  G  S
```

HINSAWDD	MYNYDDOEDD
CYMUNEDAU	NATURIOL
SYCHDER	NATUR
FFAWNA	ADNODDAU
FLORA	RHYWOGAETHAU
BYD-EANG	GOROESI
CYNEFIN	CYNALIADWY
MOROL	LLYSTYFIANT
GORS	

89 - Adjectives #2

```
D D Y W E N I E D X B D N G J D
B I L H C A I T L L Y W G B F A
P A L C G K J Z L O V C P A D W
Q O Z Y P X F H W I I V F F S N
S W E S S X S J G H A R C E K U
K F J T L L A H L C J E U V F S
O C C W H O Q F Y R C O J T Q F
J G M E C R Q Z D Y R T J S A T
H T M G L O O M Y H E X S B K N
G N K G A D F M E N A M F P I I
W X V A F D V G E Y D Z S G M A
J Q L O F I R F Y C I S T L Q C
F Y K M W D O K S O G O W N E E
G Y S G L Y D A L W O S Q C W I
O G L M S B L S X M L B E N Y W
D Z T D I S G R I F I A D O L X
```

DILYS	DIDDOROL
CREADIGOL	NATURIOL
DISGRIFIADOL	NEWYDD
SYCH	CYNHYRCHIOL
CAIN	FALCH
ENWOG	CYFRIFOL
DAWNUS	HALLT
IACH	GYSGLYD
POETH	CRYF
LLWGLYD	GWYLLT

90 - Psychology

```
S  D  D  O  D  N  Y  T  N  E  L  P  F  Z  R  J
Y  A  Y  H  T  E  A  I  L  O  N  O  S  R  E  P
N  I  L  P  R  O  F  I  A  D  A  U  G  W  A  Y
I  D  A  I  G  Y  D  D  M  Y  R  C  H  L  L  F
A  D  N  O  I  D  Y  W  D  D  U  E  R  B  I  T
D  Y  W  T  A  P  Y  H  S  O  Z  J  H  I  T  L
A  F  A  E  E  M  O  S  I  Y  N  A  U  L  I  O
U  N  D  I  G  W  R  T  H  D  A  R  O  V  K  G
G  A  A  M  E  G  O  X  A  T  H  E  R  A  P  I
E  C  U  L  H  Y  C  D  V  S  S  W  L  A  Z  N
B  L  R  A  P  O  A  A  R  Y  E  V  T  K  O  I
S  G  L  D  B  R  O  B  L  E  M  S  G  Y  M  L
G  W  Y  B  Y  D  D  I  A  E  T  H  I  Z  I  C
M  E  D  D  Y  L  I  A  U  G  U  H  A  A  Q  V
A  N  Y  M  W  Y  B  O  D  O  L  H  T  K  D  N
Z  V  L  J  C  U  C  L  H  P  F  U  X  J  S  B
```

ASESIAD	SYNIADAU
YMDDYGIAD	DYLANWADAU
PLENTYNDOD	CANFYDDIAD
CLINIGOL	PERSONOLIAETH
GWYBYDDIAETH	BROBLEM
GWRTHDARO	REALITI
BREUDDWYDION	TEIMLAD
EGO	THERAPI
EMOSIYNAU	MEDDYLIAU
PROFIADAU	ANYMWYBODOL

91 - Math

```
C D H B G P M I Z X H J N Q O G
F Y H Q E K O E T O J O X B N E
K K L I B E W L A Y R T E P G O
V Z U C J L M F Y W N O A M L M
B L D F H P G I Q G J A N W A E
A T N O S E V N I S O N D V U T
R H I F A U D H O W P N D I J R
O H N O H G A D D I A M E D R E
C Y F O C H R O G D R Y R A Â G
F F R A C S I W N A Z T U I W T
A M F E S U R T H R M T S L G T
R H I F Y D D E G P D X E A S X
L Z P Y R K T E M W A D M F G R
Y J C C E O C Y F R O L Y A H Y
P A R A L E L O G R A M C H N D
D E G O L S W M G C L K Q Z Z O
```

ONGLAU
RHIFYDDEG
CYLCHEDD
DEGOL
DIAMEDR
HAFALIAD
FFRACSIWN
GEOMETREG
RHIFAU
CYFOCHROG

PARALELOGRAM
AMFESUR
POLYGON
RADIWS
PETRYAL
SGWÂR
SWM
CYMESUREDD
TRIONGL
CYFROL

92 - Activities

```
Z B S X Y P U T I O R N X S E W
P X X E P P E O S K B M V H Q L
Y U O C P C L W K O H X L H P C
D M F H E I C I O Ï N W G U D P
D H L D I D D O R D E B A U A Y
G D E A Q U A I E Q D H L N W S
O E C C H M D S V D W L T N G
J J M K G I T D E K M S Y F S O
A Q V A L C O R L J A O S C I T
N S Y Z U N V A P L H L R N O A
S J A E X V M G E M A R E C P K
U G Z M S O D L H Q Z M W H O Q
X R D Z T X I U I M J L G H S O
D A R L L E N A N R P R A I A X
G W E I T H G A R E D D L V U T
I V W G W A U A T F F E R C Z B
```

GWEITHGAREDD HELA
CELF DIDDORDEBAU
GWERSYLLA GWAU
CERAMEG HAMDDEN
CREFFTAU HUD
DAWNSIO PLESER
PYSGOTA POSAU
GEMAU DARLLEN
GARDDIO YMLACIO
HEICIO GWNÏO

93 - Business

```
E C K R B X U V N L Q H R J R E
X Y Q W D U D O R W L O E H R C
F F Q C X H D I L L Y C S C C O
Q L D R V T T D S E C D Q R J N
T O V I M R U P S D B W D S W O
N G Y E C E W K S O E E M A P M
N A S T N W O G S I D I R N U E
S I C S X G D Q N A I D I X I G
I G J O I V Z N W R L T I X W X
O L E C Q P W S R I L R R A L U
P E S W Y D D F A A Y O T F D T
I N C W M J B J C N C D A R T Q
T R E T H I E R W G O L F Y C H
F G P R I F L Q H R N Q F G Z G
C Q B Z C S O H J A V E T P U K
O A B A F B V B A B K N Y X G Y
```

CYLLIDEB	INCWM
GYRFA	BUDDSODDIAD
CWMNI	RHEOLWR
COST	NWYDDAU
DISGOWNT	ARIAN
ECONOMEG	SWYDDFA
CYFLOGAI	ELW
CYFLOGWR	GWERTHU
FFATRI	SIOP
CYLLID	TRETHI

94 - The Company

```
C J C A C Z B P P B O Q T Y F P
Y H N N Y B U E R J U S I J U E
F U Q S N G D V O C A S G H A N
L V D A N U D C F V D O N T I D
W T D W Y A S R F E D A A E G E
Y N Y D R D O E E C O K E A S R
N A W D C A D A S Y N Q D G I F
I I R S H I D D I N D T Y O R Y
A D L L N D I I Y N A R B L Z N
D Y I A O D A G N Y Y N N F X I
X W B V M E D O O D U V O Y H A
B I I R O U S L L D Z O I C E D
J D S C L T C O Z R E F E N I W
W U O E N W D A L F D U T W V C
I O P U N E D A U V M A Q V G L
J G R L S Z T K P G F S C Q J O
```

BUSNES
CREADIGOL
PENDERFYNIAD
CYFLOGAETH
BYD-EANG
DIWYDIANT
ARLOESOL
BUDDSODDIAD
POSIBILRWYDD
CYFLWYNIAD

CYNNYRCH
PROFFESIYNOL
CYNNYDD
ANSAWDD
ENW DA
ADNODDAU
REFENIW
RISGIAU
TUEDDIADAU
UNEDAU

95 - Literature

```
D  I  S  G  R  I  F  I  A  D  A  I  S  O  R  T
B  Y  W  G  R  A  F  F  I  A  D  S  L  F  J  J
D  A  I  D  D  O  S  N  A  D  A  D  Y  U  H  G
E  D  A  H  T  E  A  I  B  E  T  A  F  Y  C  H
I  R  O  C  F  N  P  S  J  J  L  D  E  W  H  C
A  Y  M  S  N  Z  Y  F  G  K  O  R  V  J  M  D
L  C  E  Z  R  O  J  E  B  I  N  O  M  S  O  F
O  H  M  L  L  U  D  D  R  A  L  D  O  O  A  Q
G  I  L  O  N  O  D  D  R  A  B  D  H  G  M  Z
V  N  N  B  M  I  A  W  D  O  K  W  M  J  H  I
B  E  O  K  U  F  I  K  A  D  B  R  N  U  B  A
G  B  F  A  G  Z  L  S  K  L  E  C  E  R  D  D
D  T  E  M  L  T  G  F  F  U  G  L  E  N  O  C
X  I  L  E  V  Z  S  Y  Z  Y  R  I  U  I  F  X
O  K  I  H  T  E  A  I  R  A  H  M  Y  C  X  M
R  H  Y  T  H  M  C  T  U  A  A  Z  V  Q  I  R
```

CYFATEBIAETH	TROSIAD
DADANSODDIAD	ADRODDWR
CHWEDL	NOFEL
AWDUR	CERDD
BYWGRAFFIAD	BARDDONOL
CYMHARIAETH	ODL
CASGLIAD	RHYTHM
DISGRIFIAD	ARDDULL
DEIALOG	THEMA
FFUGLEN	DRYCHINEB

96 - Geography

```
T U D M S D I S A D E B M S W H
E C D R Y Z C W F G D Q H Q E T
E H P H L N V Q O C E F N F O R
H D A L W G Y Z N V R M I T U A
E E M Z B D H D M Q D M W I E B
M R U P S V C I D G E E E R Y N
I Ô A F T C B R D G L K L I W A
S M E J D S Y L B G L B L O G H
F I S V W Y P F S F Z H R G O R
F C Y E U E L S A N I D O A G K
E S O Y S K N Y L N R S G E L C
R O U B H R U V T B D Y B T E V
O E D K K U X E A X N I N H D B
L G C C V Q S N J C Z O R Y D P
J G V T V H X E K E Q B W Q S M
B W F U M E R I D I A N O U G O
```

UCHDER   MYNYDD
ATLAS   GOGLEDD
DINAS   CEFNFOR
CYFANDIR   RHANBARTH
GWLAD   AFON
HEMISFFER   MÔR
YNYS   DE
LLEDRED   TIRIOGAETH
MAP   GORLLEWIN
MERIDIAN   BYD

97 - Jazz

```
A  P  A  U  Y  C  Y  F  A  N  S  O  D  D  W  R
R  B  I  I  V  J  G  D  S  E  P  E  R  V  M  G
D  I  A  P  Z  I  O  C  D  P  G  G  A  A  Z  D
D  H  T  E  A  Y  W  D  Â  R  E  M  Y  C  O  R
U  C  S  C  K  Y  N  O  N  N  E  W  Y  D  D  Y
L  Y  I  H  Â  D  E  F  A  L  H  G  V  J  H  M
L  F  T  E  E  N  F  F  L  K  P  V  N  V  G  I
B  A  R  N  I  E  G  E  N  H  C  E  T  Y  Q  A
Y  N  A  A  X  H  A  F  R  O  D  D  R  E  C  U
R  S  R  L  F  B  J  R  Y  P  J  J  W  H  M  O
F  O  H  W  B  L  Z  Y  P  W  Y  S  L  A  I  S
Y  D  Y  B  E  W  T  N  E  L  A  T  Q  T  S  C
F  D  T  X  F  W  M  N  X  R  G  A  H  X  U  E
Y  I  H  T  X  L  Q  A  C  M  X  A  G  D  W  S
R  A  M  J  H  O  F  U  W  R  W  R  U  K  D  Y
G  D  C  E  R  D  D  O  R  I  A  E  T  H  P  E
```

ALBWM	BYRFYFYR
CYMERADWYAETH	CERDDORIAETH
ARTIST	NEWYDD
CYFANSODDWR	HEN
CYFANSODDIAD	CERDDORFA
CYNGERDD	RHYTHM
DRYMIAU	CÂN
PWYSLAIS	ARDDULL
ENWOG	TALENT
FFEFRYNNAU	TECHNEG

98 - Nature

```
G C X B K H U R G Q W Z M Q F R
G C H A R D D W C H F E F S F D
I C Y S E G R R Y C K J Z L T A
M T L L Y W G U L L X E X O K B
A Z O G K A D D E O D D Y N Y M
N F D O M N S G U G G N U N T A
Y I O F R D I I L W I L H A C N
D L F N Y N E W G Y T T H F I I
M W N D V D O D L N A E C O B F
T E A U E Y V E O I W M W R F E
M H H A R P G O V P E Y L T A I
H R D Q N V R C G Y L K A D P L
H E D D Y C H L O N D A I L H I
U G M U F B T V J H U C N G B A
Q T I M L T X C Y M Y L A U Z I
Q G K L Q J U P F N V R Z M P D
```

ANIFEILIAID	COEDWIG
ARCTIG	RHEWLIF
HARDDWCH	MYNYDDOEDD
GWENYN	HEDDYCHLON
CLOGWYNI	AFON
CYMYLAU	CYSEGR
ANIALWCH	TAWEL
DYNAMIG	TROFANNOL
NIWL	HANFODOL
DAIL	GWYLLT

99 - Vacation #2

```
J A G C T D B Y Q K T G U M X O
O E Y J L A S I F W R W Q Y O G
U V Q M D U I P X T A E W N X C
P T A N R A D T C G M R E Y T G
U R Y A S I X I H U O S P D A Q
R A T S L L E B A P R Y N D C U
L D I B S Y N Y O N N L A O S Z
A P G I E W O C Y L T L F E I E
Y G P N L G R R F M R A H D T M
I E S Q F R T H S U O X C D D T
B D L W S F S Y T I B A R S T A
P K H L P T E G W E S T Y I B U
T R Ê N R Y W A S E A M C F T M
X Ô H A M D D E N K P R Z L X B
J M F E J N P A U E B T T Y Z T
Z K O J D K N L P U U M A P H T
```

MAES AWYR	HAMDDEN
TRAETH	MAP
GWERSYLLA	MYNYDDOEDD
CYRCHFAN	PASBORT
TRAMOR	MÔR
ESTRON	TACSI
GWYLIAU	PABELL
GWESTY	TRÊN
YNYS	CLUDIANT
TAITH	FISA

100 - Electricity

```
L A S E R W N A D Y R T T L Z J
X B C T E N G A M K V X E A V A
E L E Y F C H N D V O F L M P N
V W X C F B B P P Y C R E P E J
E B Z L O Z D V U J R T D F G X
V H D R J J J I U A K T U Q C U
H T E Q Y M O B E T T Z F K N S
Q Y H T I A W D Y W H R I U I K
M Y Y O Q I U L G W I F R A U Y
V R K I W N C O P Q L Q S T S
B A T R I T E R U D A R E N E G
K W T O D S G R B X D K B H S B
G W R T H R Y C H A U Y O B P F
V X R S Q X D I R W I X G Z V F
G Z A W V C A W Y F S O C E D Ô
E C A D A R N H A O L H L G N N
```

BATRI	NEGYDDOL
BWLB	RHWYDWAITH
CEBL	GWRTHRYCHAU
TRYDAN	CADARNHAOL
TRYDANWR	MAINT
OFFER	SOCED
GENERADUR	STORIO
LAMP	FFÔN
LASER	TELEDU
MAGNET	GWIFRAU

1 - Antiques

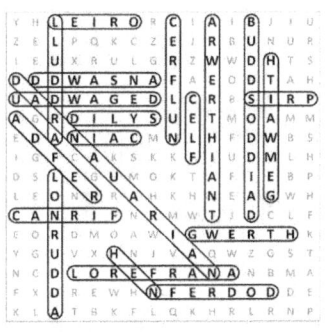

2 - Food #1

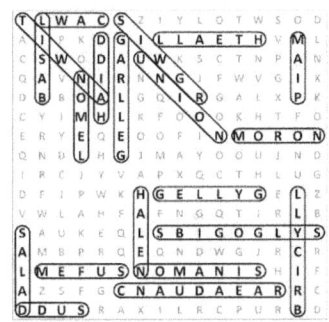

3 - Measurements

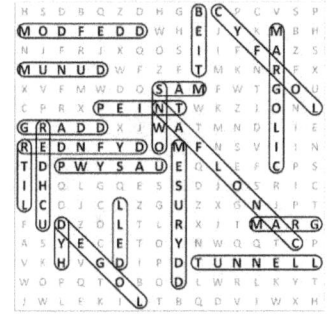

4 - Farm #2

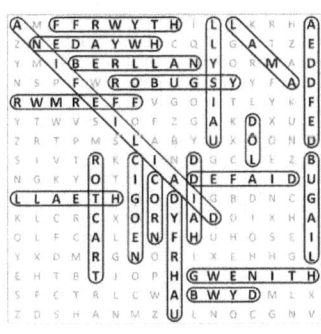

5 - Books

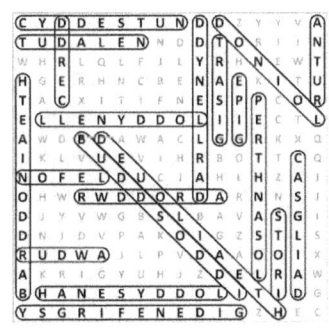

6 - Meditation

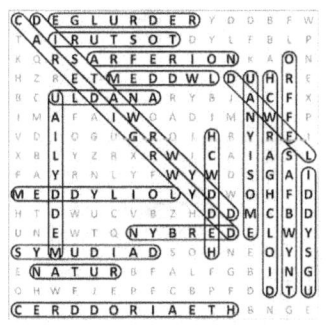

7 - Days and Months

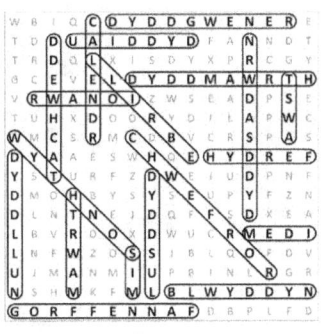

8 - Energy

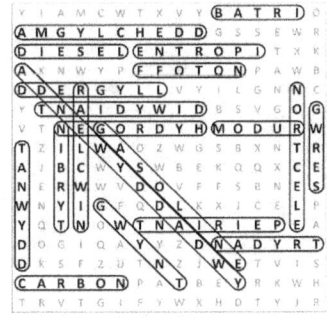

9 - Chess

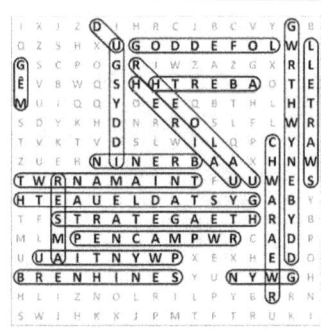

10 - Archeology

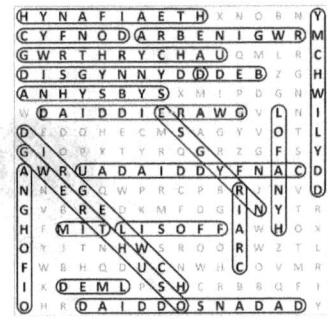

11 - Food #2

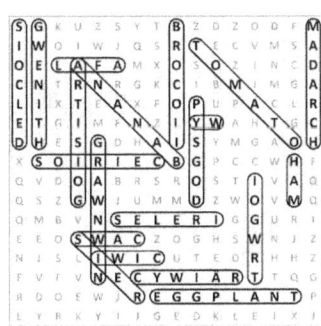

12 - Chemistry

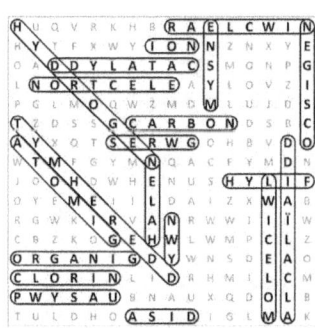

13 - Music

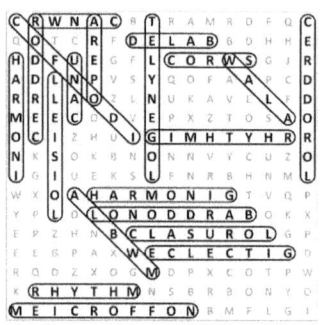

14 - Family

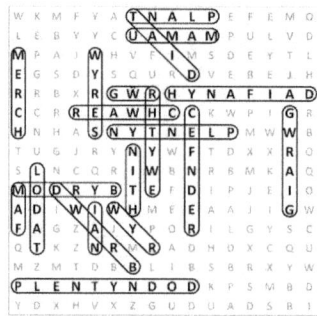

15 - Farm #1

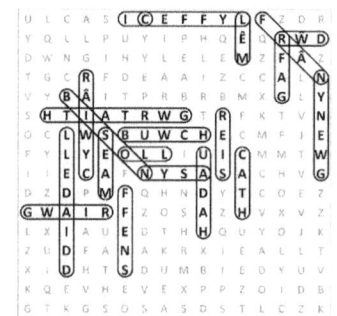

16 - Camping

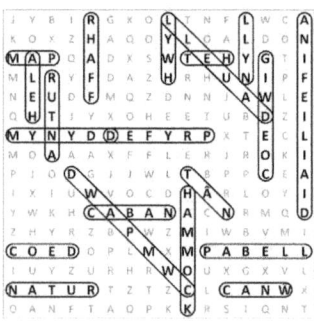

17 - Conservation

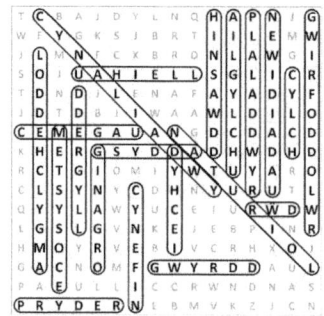

18 - Algebra

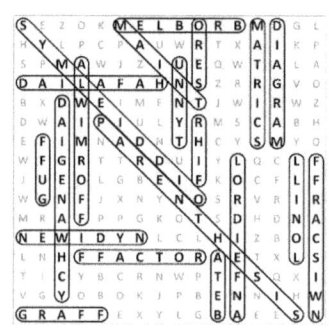

19 - Spices

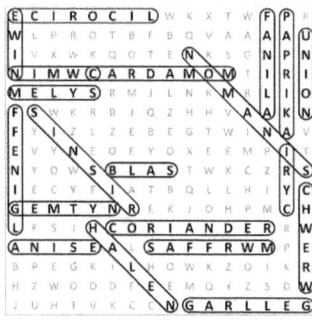

20 - Universe

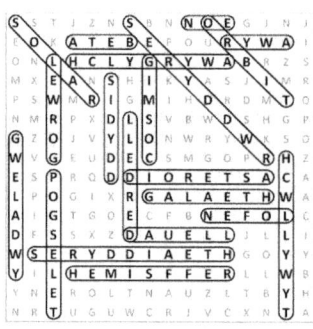

21 - Mammals

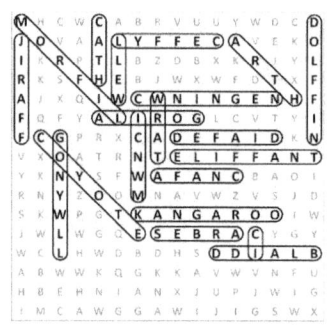

22 - Fishing

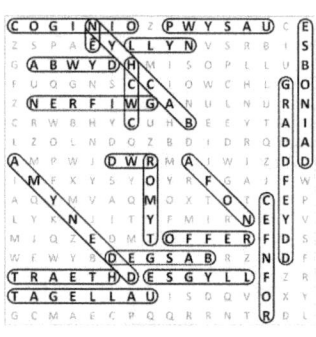

23 - Bees

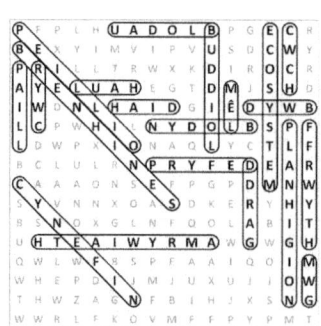

24 - Weather

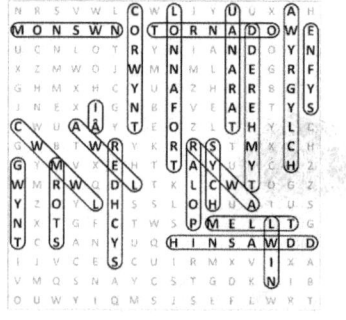

25 - Adventure

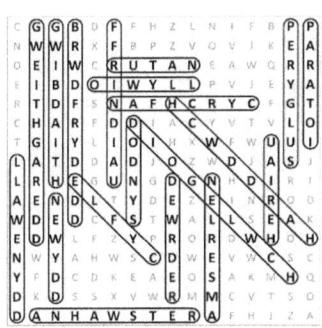

26 - Sport

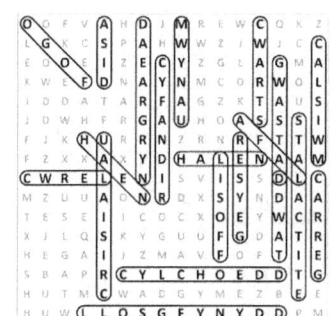

27 - Geology

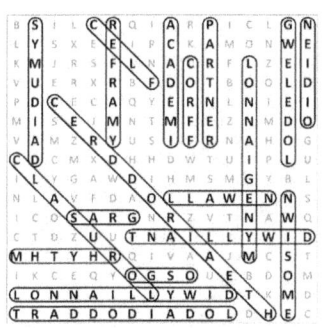

28 - House

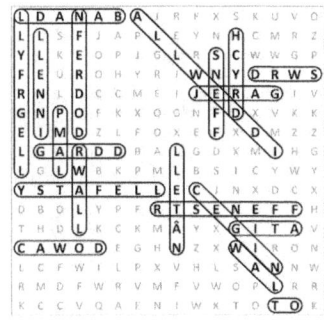

29 - Physics

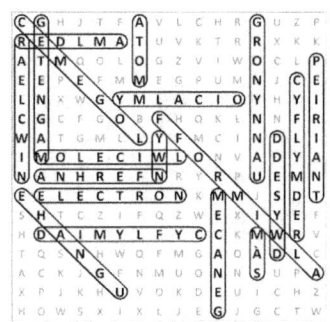

30 - Dance

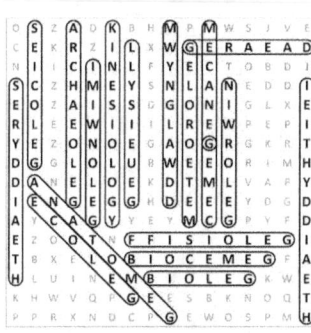

31 - Coffee

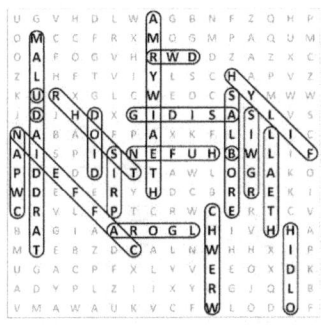

32 - Climbing

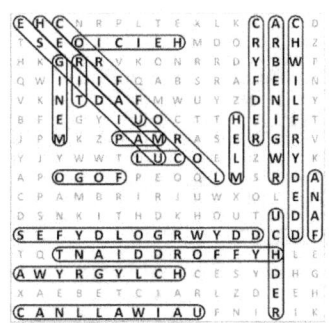

33 - Scientific Disciplines

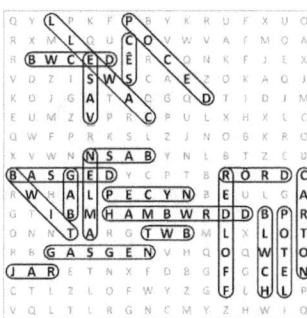

34 - Science

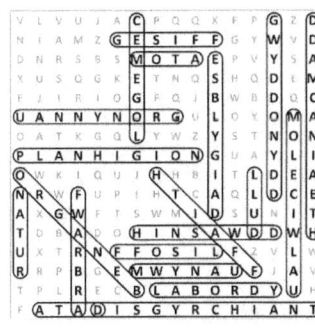

35 - Beauty

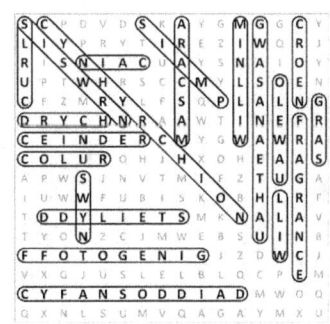

36 - To Fill

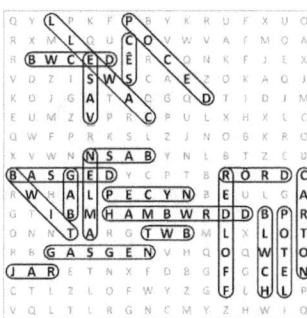

37 - Clothes

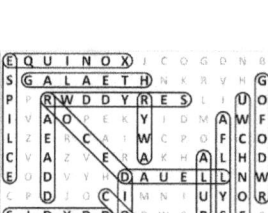

38 - Astronomy

39 - Health and Wellness #2

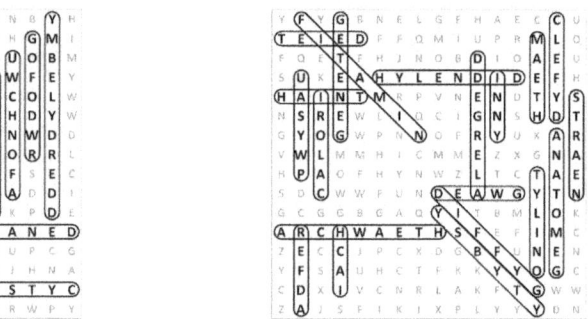

40 - Disease

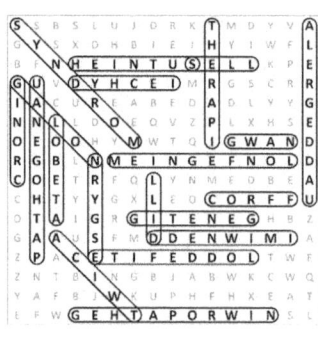

41 - Time

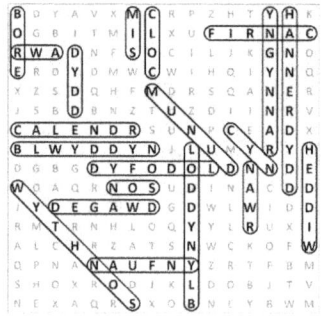

42 - Buildings

43 - Philanthropy

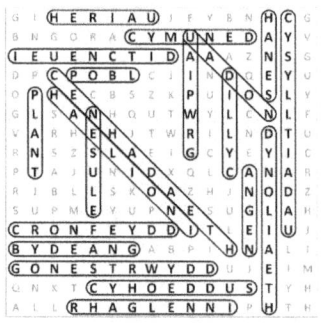

44 - Herbalism

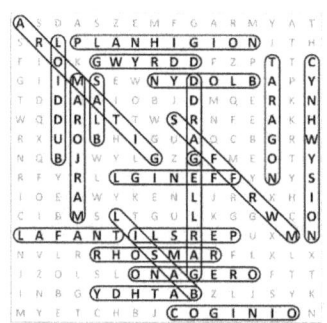

45 - Vehicles

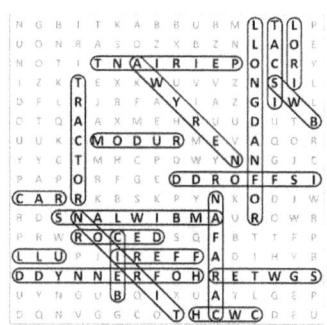

46 - Health and Wellness #1

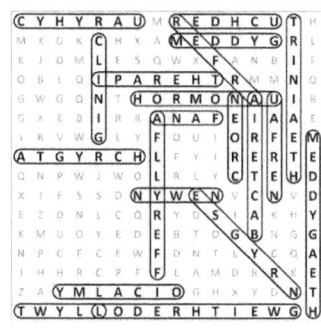

47 - Town

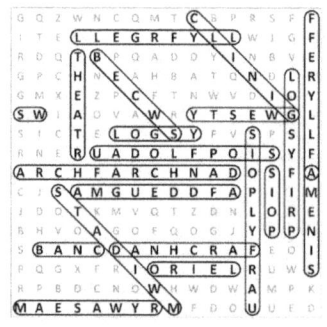

48 - Antarctica

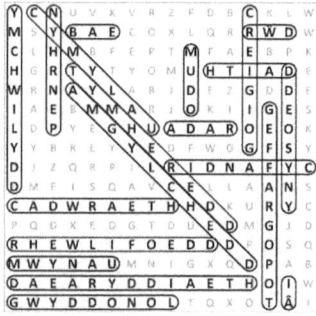

49 - Ballet

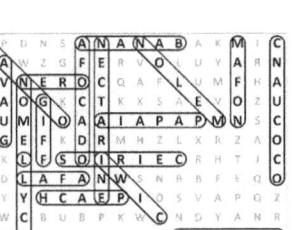

50 - Fashion

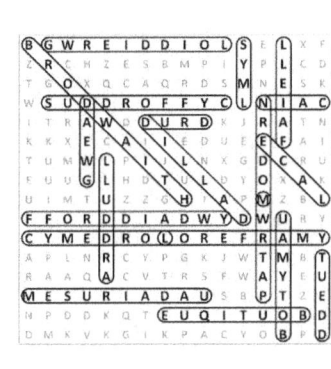

51 - Human Body

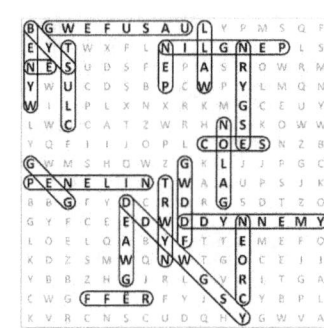

52 - Fruit

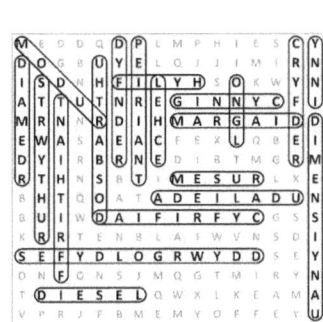

53 - Engineering

54 - Kitchen

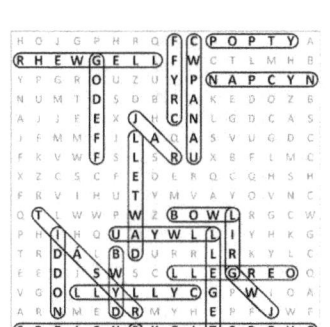

55 - Government

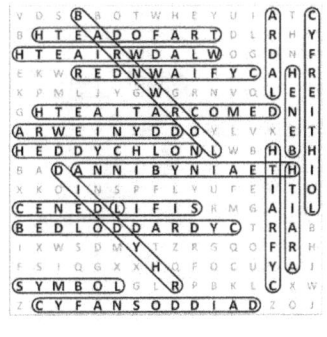

56 - Science Fiction

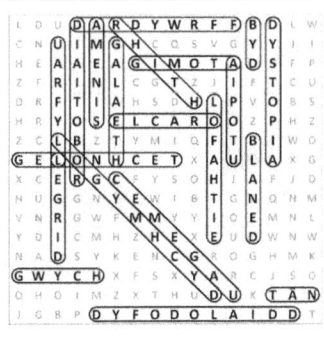

57 - Geometry

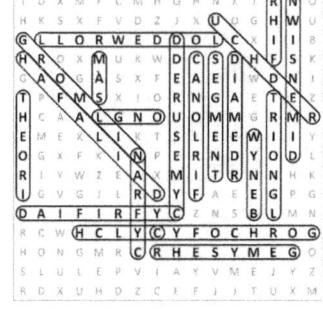

58 - Creativity

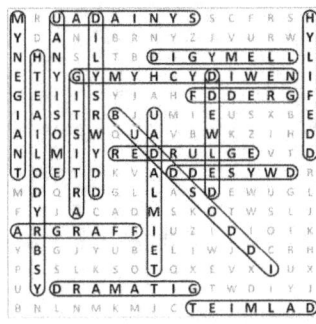

59 - Airplanes

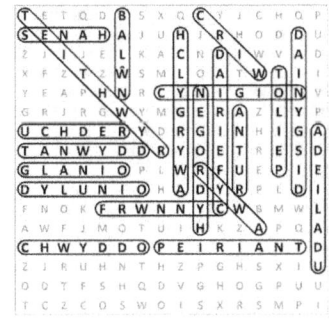

60 - Ocean

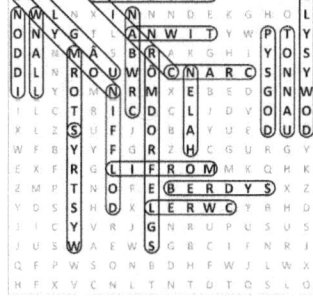

61 - Force and Gravity

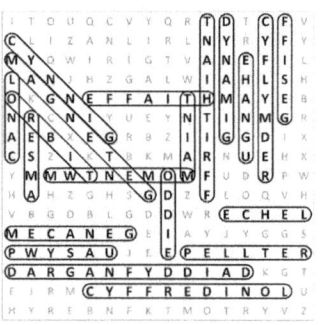

62 - Birds

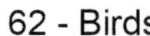

63 - Art

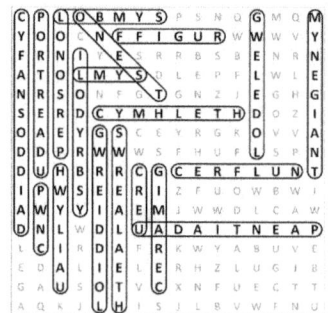

64 - Nutrition

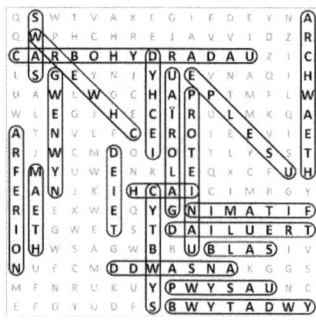

65 - Hiking

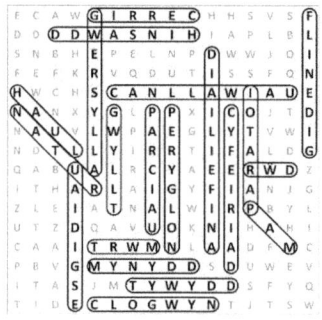

66 - Professions #1

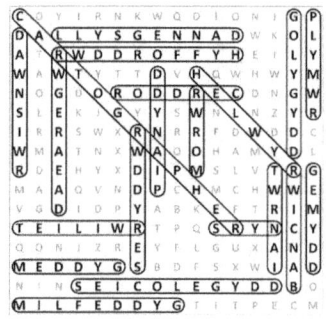

67 - Barbecues

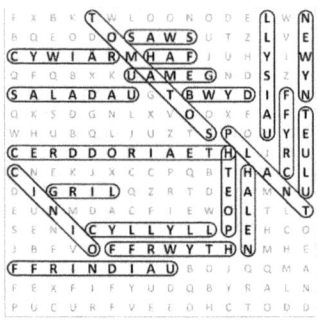

68 - Chocolate

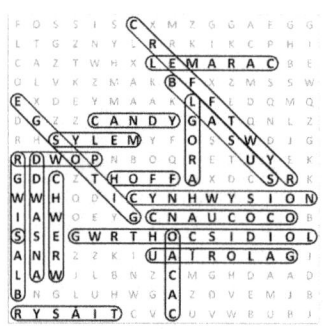

69 - Vegetables

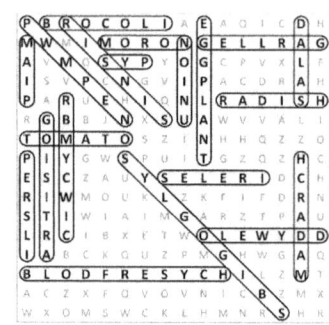

70 - The Media

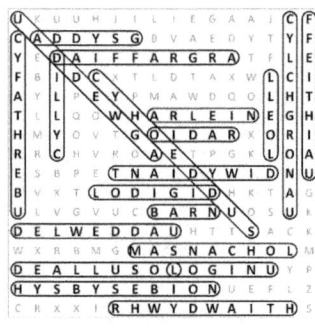

71 - Boats

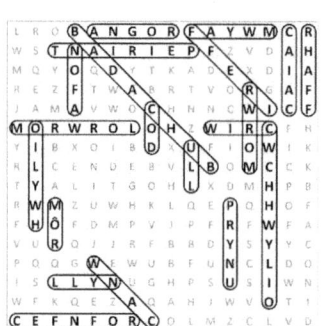

72 - Driving

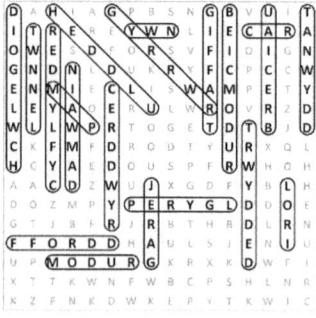

73 - Biology

74 - Professions #2

75 - Emotions

76 - Mythology

77 - Agronomy

78 - Hair Types

79 - Garden

80 - Countries #1

81 - Adjectives #1

82 - Rainforest

83 - Global Warming

84 - Landscapes

85 - Plants

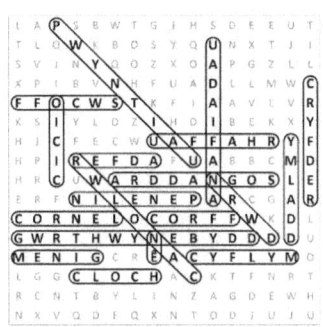

86 - Boxing

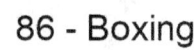

87 - Countries #2

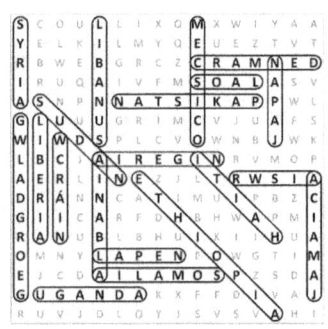

88 - Ecology

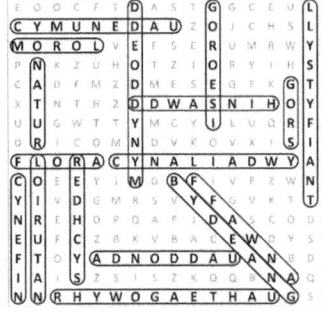

89 - Adjectives #2

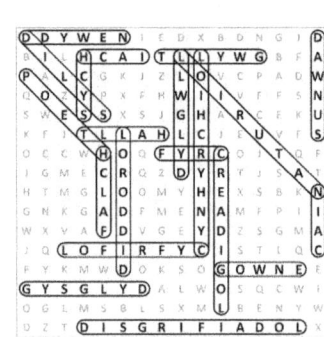

90 - Psychology

91 - Math

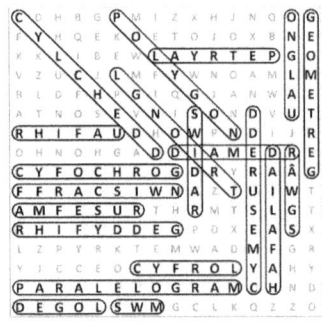

92 - Activities

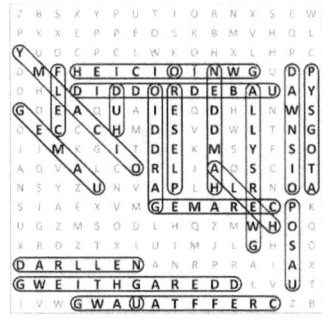

93 - Business

94 - The Company

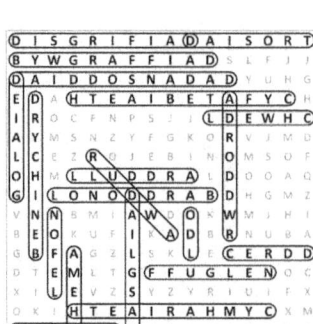

95 - Literature

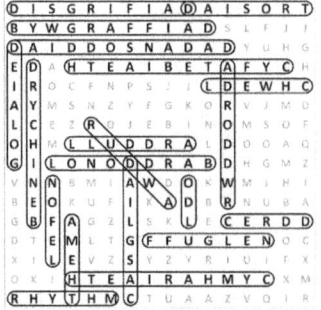

96 - Geography

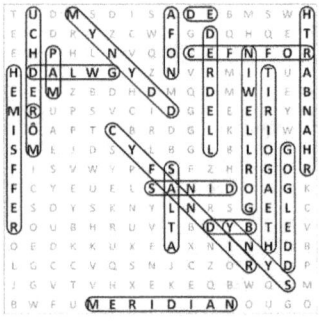

97 - Jazz

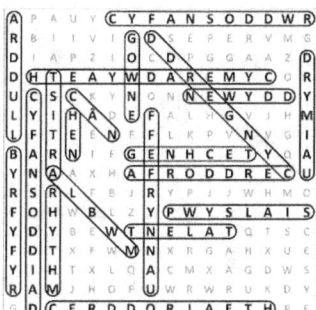

98 - Nature

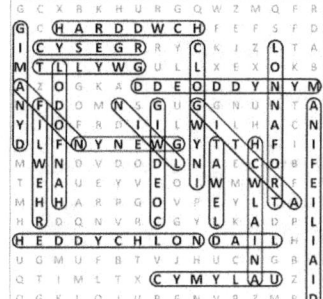

99 - Vacation #2

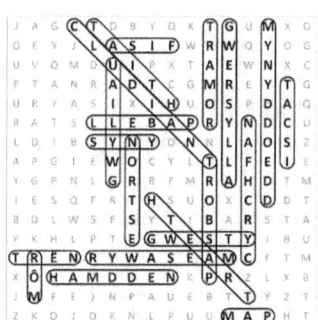

100 - Electricity

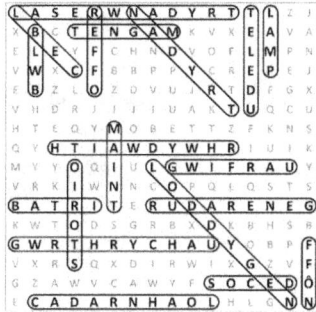

Dictionary

Activities
Gweithgareddau

Activity	Gweithgaredd
Art	Celf
Camping	Gwersylla
Ceramics	Cerameg
Crafts	Crefftau
Dancing	Dawnsio
Fishing	Pysgota
Games	Gemau
Gardening	Garddio
Hiking	Heicio
Hunting	Hela
Interests	Diddordebau
Knitting	Gwau
Leisure	Hamdden
Magic	Hud
Pleasure	Pleser
Puzzles	Posau
Reading	Darllen
Relaxation	Ymlacio
Sewing	Gwnïo

Adjectives #1
Ansoddeiriau # 1

Absolute	Absoliwt
Ambitious	Uchelgeisiol
Aromatic	Aromatig
Artistic	Artistig
Attractive	Deniadol
Beautiful	Hardd
Dark	Tywyll
Exotic	Egsotig
Generous	Hael
Happy	Hapus
Heavy	Trwm
Helpful	Ddefnyddiol
Honest	Onest
Identical	Union
Important	Pwysig
Modern	Modern
Serious	Difrifol
Slow	Araf
Thin	Tenau
Valuable	Gwerthfawr

Adjectives #2
Ansoddeiriau # 2

Authentic	Dilys
Creative	Creadigol
Descriptive	Disgrifiadol
Dry	Sych
Elegant	Cain
Famous	Enwog
Gifted	Dawnus
Healthy	Iach
Hot	Poeth
Hungry	Llwglyd
Interesting	Diddorol
Natural	Naturiol
New	Newydd
Productive	Cynhyrchiol
Proud	Falch
Responsible	Cyfrifol
Salty	Hallt
Sleepy	Gysglyd
Strong	Cryf
Wild	Gwyllt

Adventure
Antur

Activity	Gweithgaredd
Beauty	Harddwch
Bravery	Dewrder
Challenges	Heriau
Chance	Cyfle
Dangerous	Peryglus
Destination	Cyrchfan
Difficulty	Anhawster
Enthusiasm	Brwdfrydedd
Excursion	Gwibdaith
Friends	Ffrindiau
Itinerary	Amserlen
Joy	Llawenydd
Nature	Natur
Navigation	Llywio
New	Newydd
Preparation	Paratoi
Safety	Diogelwch
Surprising	Syndod
Unusual	Anarferol

Agronomy
Agronomeg

Diseases	Clefydau
Ecology	Ecoleg
Energy	Ynni
Environment	Amgylchedd
Farming	Ffermio
Fertilizer	Gwrtaith
Food	Bwyd
Growth	Twf
Identification	Adnabod
Organic	Organig
Plants	Planhigion
Pollution	Llygredd
Production	Cynhyrchu
Rural	Gwledig
Science	Gwyddoniaeth
Seeds	Hadau
Study	Astudiaeth
Systems	Systemau
Vegetables	Llysiau
Water	Dŵr

Airplanes
Awyrennau

Adventure	Antur
Atmosphere	Awyrgylch
Balloon	Balŵn
Construction	Adeiladu
Crew	Criw
Descent	Disgyniad
Design	Dylunio
Direction	Cyfeiriad
Engine	Peiriant
Fuel	Tanwydd
Height	Uchder
History	Hanes
Hydrogen	Hydrogen
Inflate	Chwyddo
Landing	Glanio
Passenger	Teithwyr
Pilot	Peilot
Propellers	Cynigion
Sky	Awyr
Turbulence	Cynnwrf

Algebra
Algebra

Addition	Ychwanegiad
Diagram	Diagram
Equation	Hafaliad
Factor	Ffactor
False	Ffug
Formula	Fformiwla
Fraction	Ffracsiwn
Graph	Graff
Infinite	Anfeidrol
Linear	Llinol
Matrix	Matrics
Number	Rhif
Parenthesis	Parenthesis
Problem	Broblem
Quantity	Maint
Simplify	Symleiddio
Solution	Ateb
Subtraction	Tynnu
Variable	Newidyn
Zero	Sero

Antarctica
Antarctica

Bay	Bae
Birds	Adar
Clouds	Cymylau
Conservation	Cadwraeth
Continent	Cyfandir
Environment	Amgylchedd
Expedition	Daith
Geography	Daearyddiaeth
Glaciers	Rhewlifoedd
Ice	Iâ
Islands	Ynysoedd
Migration	Mudo
Minerals	Mwynau
Peninsula	Penrhyn
Researcher	Ymchwilydd
Rocky	Creigiog
Scientific	Gwyddonol
Temperature	Tymheredd
Topography	Topograffeg
Water	Dŵr

Antiques
Hynafiaethau

Art	Celf
Auction	Arwerthiant
Authentic	Dilys
Century	Canrif
Coins	Darnau Arian
Decades	Degawdau
Decorative	Addurnol
Elegant	Cain
Furniture	Dodrefn
Gallery	Oriel
Investment	Buddsoddiad
Jewelry	Gemwaith
Old	Hen
Price	Pris
Quality	Ansawdd
Restoration	Adfer
Sculpture	Cerflun
Style	Arddull
Unusual	Anarferol
Value	Gwerth

Archeology
Archeoleg

Analysis	Dadansoddiad
Ancient	Hynafol
Antiquity	Hynafiaeth
Bones	Esgyrn
Civilization	Gwareiddiad
Descendant	Disgynnydd
Era	Cyfnod
Evaluation	Gwerthuso
Expert	Arbenigwr
Findings	Canfyddiadau
Forgotten	Anghofio
Fossil	Ffosil
Mystery	Dirgelwch
Objects	Gwrthrychau
Relic	Crair
Researcher	Ymchwilydd
Team	Tîm
Temple	Deml
Tomb	Bedd
Unknown	Anhysbys

Art
Celf

Ceramic	Ceramig
Complex	Cymhleth
Composition	Cyfansoddiad
Create	Creu
Expression	Mynegiant
Figure	Ffigur
Honest	Onest
Inspired	Ysbrydoli
Mood	Hwyliau
Original	Gwreiddiol
Paintings	Paentiadau
Personal	Personol
Poetry	Barddoniaeth
Portray	Portreadu
Sculpture	Cerflun
Simple	Syml
Subject	Pwnc
Surrealism	Swrealaeth
Symbol	Symbol
Visual	Gweledol

Astronomy
Seryddiaeth

Asteroid	Asteroid
Astronaut	Gofodwr
Astronomer	Seryddwr
Constellation	Cytser
Cosmos	Cosmos
Earth	Ddaear
Eclipse	Eclipse
Equinox	Equinox
Galaxy	Galaeth
Meteor	Meteor
Moon	Lleuad
Nebula	Nebula
Observatory	Arsyllfa
Planet	Blaned
Radiation	Ymbelydredd
Rocket	Roced
Satellite	Lloeren
Sky	Awyr
Supernova	Uwchnofa
Zodiac	Sidydd

Ballet
Bale

Applause	Cymeradwyaeth
Artistic	Artistig
Audience	Gynulleidfa
Choreography	Coreograffi
Composer	Cyfansoddwr
Dancers	Dawnswyr
Expressive	Mynegiannol
Gesture	Ystum
Graceful	Gosgeiddig
Intensity	Dwysedd
Lessons	Gwersi
Muscles	Cyhyrau
Music	Cerddoriaeth
Orchestra	Cerddorfa
Practice	Ymarfer
Rhythm	Rhythm
Solo	Unawd
Style	Arddull
Technique	Techneg

Barbecues
Barbeciws

Chicken	Cyw lâr
Children	Plant
Dinner	Cinio
Family	Teulu
Food	Bwyd
Forks	Ffyrc
Friends	Ffrindiau
Fruit	Ffrwyth
Games	Gemau
Grill	Gril
Hot	Poeth
Hunger	Newyn
Knives	Cyllyll
Music	Cerddoriaeth
Salads	Saladau
Salt	Halen
Sauce	Saws
Summer	Haf
Tomatoes	Tomatos
Vegetables	Llysiau

Beauty
Harddwch

Charm	Swyn
Color	Lliw
Cosmetics	Colur
Curls	Curls
Elegance	Ceinder
Elegant	Cain
Fragrance	Fragrance
Grace	Gras
Lipstick	Minlliw
Makeup	Cyfansoddiad
Mascara	Mascara
Mirror	Drych
Oils	Olewau
Photogenic	Ffotogenig
Products	Cynhyrchion
Scissors	Siswrn
Services	Gwasanaethau
Shampoo	Siamp
Skin	Croen
Stylist	Steilydd

Bees
Gwenyn

Beneficial	Buddiol
Blossom	Blodyn
Diversity	Amrywiaeth
Ecosystem	Ecosystem
Flowers	Blodau
Food	Bwyd
Fruit	Ffrwyth
Garden	Gardd
Habitat	Cynefin
Hive	Cwch
Honey	Mêl
Insect	Pryfed
Plants	Planhigion
Pollen	Paill
Pollinator	Peillio
Queen	Brenhines
Smoke	Mwg
Sun	Haul
Swarm	Haid
Wax	Cwyr

Biology
Bioleg

Anatomy	Anatomeg
Bacteria	Bacteria
Cell	Cell
Chromosome	Cromosom
Collagen	Colagen
Embryo	Embryo
Enzyme	Ensym
Evolution	Esblygiad
Hormone	Hormon
Mammal	Mamal
Mutation	Treiglad
Natural	Naturiol
Nerve	Nerf
Neuron	Niwron
Osmosis	Osmosis
Pathogen	Pathogen
Protein	Protein
Reptile	Ymlusgiaid
Symbiosis	Symbiosis
Synapse	Synapse

Birds
Adar

Canary	Dedwydd
Chicken	Cyw lâr
Crow	Frân
Cuckoo	Gog
Dove	Colomen
Duck	Hwyaden
Eagle	Eryr
Egg	Wy
Flamingo	Fflamingo
Goose	Gŵydd
Heron	Crëyr
Ostrich	Estrys
Parrot	Parot
Peacock	Paun
Pelican	Pelican
Penguin	Pengwin
Sparrow	Aderyn
Stork	Ciconia
Swan	Alarch
Toucan	Twcan

Boats
Cychod

Anchor	Angor
Buoy	Prynu
Canoe	Canŵ
Crew	Criw
Dock	Doc
Engine	Peiriant
Ferry	Fferi
Kayak	Caiac
Lake	Llyn
Lifeboat	Bad Achub
Mast	Mwyaf
Nautical	Morwrol
Ocean	Cefnfor
Raft	Llu
River	Afon
Rope	Rhaff
Sailboat	Cwch Hwylio
Sailor	Morwr
Sea	Môr
Yacht	Hwylio

Books
Llyfrau

Adventure	Antur
Author	Awdur
Collection	Casgliad
Context	Cyd-Destun
Duality	Deuoliaeth
Epic	Epig
Historical	Hanesyddol
Humorous	Doniol
Inventive	Buddsoddi
Literary	Llenyddol
Narrator	Adroddwr
Novel	Nofel
Page	Tudalen
Poem	Cerdd
Poetry	Barddoniaeth
Reader	Darllenydd
Relevant	Perthnasol
Story	Stori
Tragic	Trasig
Written	Ysgrifenedig

Boxing
Paffio

Bell	Cloch
Body	Corff
Chin	Ên
Corner	Cornel
Elbow	Penelin
Exhausted	Arddangos
Fighter	Ymladd
Fist	Dwrn
Focus	Ffocws
Gloves	Menig
Injuries	Anafiadau
Kick	Cicio
Opponent	Gwrthwynebydd
Points	Pwyntiau
Quick	Cyflym
Recovery	Adfer
Referee	Canolwr
Ropes	Rhaffau
Strength	Cryfder

Buildings
Adeiladau

Apartment	Fflat
Barn	Ysgubor
Cabin	Caban
Castle	Castell
Cinema	Sinema
Factory	Ffatri
Farm	Fferm
Hospital	Ysbyty
Hostel	Hostel
Hotel	Gwesty
Laboratory	Labordy
Museum	Amgueddfa
Observatory	Arsyllfa
School	Ysgol
Stadium	Stadiwm
Supermarket	Archfarchnad
Tent	Pabell
Theater	Theatr
Tower	Twr
University	Prifysgol

Business
Busnes

Budget	Cyllideb
Career	Gyrfa
Company	Cwmni
Cost	Cost
Discount	Disgownt
Economics	Economeg
Employee	Cyflogai
Employer	Cyflogwr
Factory	Ffatri
Finance	Cyllid
Income	Incwm
Investment	Buddsoddiad
Manager	Rheolwr
Merchandise	Nwyddau
Money	Arian
Office	Swyddfa
Profit	Elw
Sale	Gwerthu
Shop	Siop
Taxes	Trethi

Camping
Gwersylla

Adventure	Antur
Animals	Anifeiliaid
Cabin	Caban
Canoe	Canŵ
Compass	Cwmpawd
Fire	Tân
Forest	Coedwig
Fun	Hwyl
Hammock	Hammock
Hat	Het
Hunting	Hela
Insect	Pryfed
Lake	Llyn
Map	Map
Moon	Lleuad
Mountain	Mynydd
Nature	Natur
Rope	Rhaff
Tent	Pabell
Trees	Coed

Chemistry
Cemeg

Acid	Asid
Alkaline	Alcalïaidd
Atomic	Atomig
Carbon	Carbon
Catalyst	Catalydd
Chlorine	Clorin
Electron	Electron
Enzyme	Ensym
Gas	Nwy
Heat	Gwres
Hydrogen	Hydrogen
Ion	Ion
Liquid	Hylif
Molecule	Moleciwl
Nuclear	Niwclear
Organic	Organig
Oxygen	Ocsigen
Salt	Halen
Temperature	Tymheredd
Weight	Pwysau

Chess
Gwyddbwyll

Black	Du
Challenges	Heriau
Champion	Pencampwr
Contest	Gystadleuaeth
Diagonal	Lletraws
Game	Gêm
King	Brenin
Opponent	Gwrthwynebydd
Passive	Goddefol
Player	Chwaraewr
Points	Pwyntiau
Queen	Brenhines
Rules	Rheolau
Sacrifice	Aberth
Strategy	Strategaeth
Time	Amser
To Learn	I Ddysgu
Tournament	Twrnamaint
White	Gwyn

Chocolate
Siocled

Antioxidant	Gwrthocsidiol
Aroma	Arogl
Artisanal	Crefftwyr
Bitter	Chwerw
Cacao	Cacao
Calories	Galorïau
Candy	Candy
Caramel	Caramel
Coconut	Cnau Coco
Delicious	Blasus
Exotic	Egsotig
Favorite	Hoff
Ingredient	Cynhwysion
Powder	Powdr
Quality	Ansawdd
Recipe	Rysáit
Sugar	Siwgr
Sweet	Melys
Taste	Blas

Climbing
Dringo

Altitude	Uchder
Atmosphere	Awyrgylch
Boots	Esgidiau
Cave	Ogof
Challenges	Heriau
Curiosity	Chwilfrydedd
Expert	Arbenigwr
Gloves	Menig
Guides	Canllawiau
Helmet	Helm
Hiking	Heicio
Injury	Anaf
Map	Map
Narrow	Cul
Physical	Corfforol
Stability	Sefydlogrwydd
Strength	Cryfder
Terrain	Tir
Training	Hyfforddiant

Clothes
Dillad

Apron	Ffedog
Belt	Gwregys
Blouse	Blows
Bracelet	Breichled
Coat	Côt
Dress	Gwisg
Fashion	Ffasiwn
Gloves	Menig
Hat	Het
Jacket	Siaced
Jeans	Jîns
Jewelry	Gemwaith
Pajamas	Pyjamas
Pants	Pants
Sandals	Sandalau
Scarf	Sgarff
Shirt	Crys
Shoe	Esgid
Skirt	Sgert
Sweater	Chwyswr

Coffee
Coffi

Acidic	Asidig
Aroma	Arogl
Beverage	Diod
Bitter	Chwerw
Black	Du
Caffeine	Caffein
Cream	Hufen
Cup	Cwpan
Filter	Hidlo
Flavor	Blas
Grind	Malu
Liquid	Hylif
Milk	Llaeth
Morning	Bore
Origin	Tarddiad
Price	Pris
Roasted	Rhost
Sugar	Siwgr
Variety	Amrywiaeth
Water	Dŵr

Conservation
Cadwraeth

Changes	Newidiadau
Chemicals	Cemegau
Climate	Hinsawdd
Concern	Pryder
Cycle	Cylch
Ecosystem	Ecosystem
Education	Addysg
Environmental	Amgylcheddol
Green	Gwyrdd
Habitat	Cynefin
Health	Iechyd
Natural	Naturiol
Organic	Organig
Pesticide	Plaladdwyr
Pollution	Llygredd
Recycle	Ailgylchu
Reduce	Lleihau
Sustainable	Cynaliadwy
Volunteer	Gwirfoddolwr
Water	Dŵr

Countries #1
Gwledydd # 1

Brazil	Brasil
Canada	Canada
Egypt	Yr Aifft
Finland	Ffindir
Germany	Yr Almaen
Iraq	Irac
Israel	Israel
Italy	Yr Eidal
Latvia	Latfia
Libya	Libya
Morocco	Moroco
Nicaragua	Nicaragua
Norway	Norwy
Panama	Panama
Poland	Gwlad Pwyl
Romania	Romania
Senegal	Senegal
Spain	Sbaen
Venezuela	Venezuela
Vietnam	Fietnam

Countries #2
Gwledydd # 2

Albania	Albania
Denmark	Denmarc
Ethiopia	Ethiopia
Greece	Gwlad Groeg
Haiti	Haiti
Jamaica	Jamaica
Japan	Japan
Laos	Laos
Lebanon	Libanus
Liberia	Liberia
Mexico	Mecsico
Nepal	Nepal
Nigeria	Nigeria
Pakistan	Pakistan
Russia	Rwsia
Somalia	Somalia
Sudan	Sudan
Syria	Syria
Uganda	Uganda
Ukraine	Wcráin

Creativity
Creadigrwydd

Artistic	Artistig
Authenticity	Dilysrwydd
Changing	Newid
Clarity	Eglurder
Dramatic	Dramatig
Emotions	Emosiynau
Expression	Mynegiant
Feelings	Teimladau
Fluidity	Hylifedd
Ideas	Syniadau
Image	Delwedd
Imagination	Dychymyg
Impression	Argraff
Inspiration	Ysbrydoliaeth
Intensity	Dwysedd
Intuition	Greddf
Inventive	Buddsoddi
Sensation	Teimlad
Spontaneous	Digymell
Vitality	Bywiogrwydd

Dance
Dawns

Academy	Academi
Art	Celf
Body	Corff
Choreography	Coreograffi
Classical	Clasurol
Cultural	Diwylliannol
Culture	Diwylliant
Emotion	Emosiwn
Expressive	Mynegiannol
Grace	Gras
Joyful	Llawen
Jump	Neidio
Movement	Symudiad
Music	Cerddoriaeth
Partner	Partner
Posture	Osgo
Rehearsal	Ymarfer
Rhythm	Rhythm
Traditional	Traddodiadol
Visual	Gweledol

Days and Months
Diwrnodau a Misoedd

April	Ebrill
August	Awst
Calendar	Calendr
February	Chwefror
Friday	Dydd Gwener
January	Ionawr
July	Gorffennaf
March	Mawrth
Monday	Dydd Llun
Month	Mis
November	Tachwedd
October	Hydref
Saturday	Dydd Sadwrn
September	Medi
Sunday	Dydd Sul
Thursday	Dydd Iau
Tuesday	Dydd Mawrth
Wednesday	Dydd Mercher
Week	Wythnos
Year	Blwyddyn

Disease
Clefyd

Acute	Aciwt
Allergies	Alergeddau
Body	Corff
Bones	Esgyrn
Chronic	Cronig
Contagious	Heintus
Genetic	Genetig
Health	Iechyd
Heart	Galon
Hereditary	Etifeddol
Immunity	Imiwnedd
Inflammation	Llid
Lumbar	Meingefnol
Neuropathy	Niwropatheg
Pathogens	Pathogenau
Respiratory	Atebol
Syndrome	Syndrom
Therapy	Therapi
Weak	Gwan
Wellness	Lles

Driving
Gyrru

Accident	Damwain
Brakes	Breciau
Car	Car
Danger	Perygl
Driver	Gyrrwr
Fuel	Tanwydd
Garage	Garej
Gas	Nwy
License	Trwydded
Map	Map
Motor	Modur
Motorcycle	Beic Modur
Pedestrian	Cerddwyr
Police	Heddlu
Road	Ffordd
Safety	Diogelwch
Speed	Cyflymder
Traffic	Traffig
Truck	Lori
Tunnel	Twnnel

Ecology
Ecoleg

Climate	Hinsawdd
Communities	Cymunedau
Diversity	Amrywiaeth
Drought	Sychder
Fauna	Ffawna
Flora	Flora
Global	Byd-Eang
Habitat	Cynefin
Marine	Morol
Marsh	Gors
Mountains	Mynyddoedd
Natural	Naturiol
Nature	Natur
Plants	Planhigion
Resources	Adnoddau
Species	Rhywogaethau
Survival	Goroesi
Sustainable	Cynaliadwy
Vegetation	Llystyfiant
Volunteers	Gwirfoddolwyr

Electricity
Trydan

Battery	Batri
Bulb	Bwlb
Cable	Cebl
Electric	Trydan
Electrician	Trydanwr
Equipment	Offer
Generator	Generadur
Lamp	Lamp
Laser	Laser
Magnet	Magnet
Negative	Negyddol
Network	Rhwydwaith
Objects	Gwrthrychau
Positive	Cadarnhaol
Quantity	Maint
Socket	Soced
Storage	Storio
Telephone	Ffôn
Television	Teledu
Wires	Gwifrau

Emotions
Emosiynau

Anger	Dicter
Bliss	Wynfyd
Boredom	Diflastod
Calm	Dawel
Content	Cynnwys
Excited	Gyffrous
Fear	Ofn
Grateful	Diolchgar
Joy	Llawenydd
Kindness	Caredigrwydd
Love	Caru
Peace	Heddwch
Relaxed	Hamddenol
Relief	Rhyddhad
Sadness	Tristwch
Satisfied	Fodlon
Surprise	Syndod
Sympathy	Cydymdeimlad
Tenderness	Tynerwch
Tranquility	Llonyddwch

Energy
Ynni

Battery	Batri
Carbon	Carbon
Diesel	Diesel
Electric	Trydan
Electron	Electron
Engine	Peiriant
Entropy	Entropi
Environment	Amgylchedd
Fuel	Tanwydd
Gasoline	Gasoline
Heat	Gwres
Hydrogen	Hydrogen
Industry	Diwydiant
Motor	Modur
Nuclear	Niwclear
Photon	Ffoton
Pollution	Llygredd
Renewable	Adnewyddadwy
Turbine	Tyrbin
Wind	Gwynt

Engineering
Peirianneg

Angle	Ongl
Axis	Echel
Calculation	Cyfrifiad
Construction	Adeiladu
Depth	Dyfnder
Diagram	Diagram
Diameter	Diamedr
Diesel	Diesel
Dimensions	Dimensiynau
Distribution	Dosbarthu
Energy	Ynni
Friction	Ffrithiant
Liquid	Hylif
Machine	Peiriant
Measurement	Mesur
Motion	Cynnig
Motor	Modur
Stability	Sefydlogrwydd
Strength	Cryfder
Structure	Strwythur

Family
Teulu

Ancestor	Hynafiad
Aunt	Modryb
Brother	Brawd
Child	Plentyn
Childhood	Plentyndod
Children	Plant
Cousin	Cefnder
Daughter	Merch
Grandchild	Wyres
Grandfather	Taid
Grandson	Ŵyr
Husband	Gŵr
Maternal	Mamau
Mother	Fam
Nephew	Nai
Niece	Nith
Paternal	Tadol
Sister	Chwaer
Uncle	Ewythr
Wife	Gwraig

Farm #1
Fferm # 1

Bee	Gwenyn
Bison	Bison
Calf	Llo
Cat	Cath
Chicken	Cyw Iâr
Cow	Buwch
Crow	Frân
Dog	Ci
Donkey	Asyn
Fence	Ffens
Fertilizer	Gwrtaith
Field	Maes
Flock	Ddiadell
Goat	Gafr
Hay	Gwair
Honey	Mêl
Horse	Ceffyl
Rice	Reis
Seeds	Hadau
Water	Dŵr

Farm #2
Fferm # 2

Animals	Anifeiliaid
Barley	Haidd
Barn	Ysgubor
Corn	Corn
Duck	Hwyaden
Farmer	Ffermwr
Food	Bwyd
Fruit	Ffrwyth
Irrigation	Dyfrhau
Lamb	Cig Oen
Llama	Lama
Meadow	Dôl
Milk	Llaeth
Orchard	Berllan
Ripe	Aeddfed
Sheep	Defaid
Shepherd	Bugail
Tractor	Tractor
Vegetable	Llysiau
Wheat	Gwenith

Fashion
Ffasiwn

Affordable	Fforddiadwy
Boutique	Boutique
Buttons	Botymau
Clothing	Dillad
Comfortable	Cyfforddus
Elegant	Cain
Embroidery	Brodwaith
Expensive	Drud
Lace	Lace
Measurements	Mesuriadau
Minimalist	Lleiaf
Modern	Modern
Modest	Cymedrol
Original	Gwreiddiol
Pattern	Patrwm
Practical	Ymarferol
Simple	Syml
Style	Arddull
Texture	Gwead
Trend	Tuedd

Fishing
Pysgota

Bait	Abwyd
Basket	Basged
Beach	Traeth
Boat	Cwch
Cook	Coginio
Equipment	Offer
Exaggeration	Esboniad
Fins	Esgyll
Gills	Tagellau
Hook	Bachyn
Jaw	Ên
Lake	Llyn
Ocean	Cefnfor
Patience	Amynedd
River	Afon
Scales	Graddfeydd
Season	Tymor
Water	Dŵr
Weight	Pwysau
Wire	Gwifren

Food #1
Bwyd # 1

Apricot	Bricyll
Barley	Haidd
Basil	Basil
Carrot	Moron
Cinnamon	Sinamon
Garlic	Garlleg
Juice	Sudd
Lemon	Lemon
Milk	Llaeth
Onion	Union
Peanut	Cnau Daear
Pear	Gellyg
Salad	Salad
Salt	Halen
Soup	Cawl
Spinach	Sbigoglys
Strawberry	Mefus
Sugar	Siwgr
Tuna	Tiwna
Turnip	Maip

Food #2
Bwyd # 2

Apple	Afal
Artichoke	Artisiog
Banana	Banana
Broccoli	Brocoli
Celery	Seleri
Cheese	Caws
Cherry	Ceirios
Chicken	Cyw lâr
Chocolate	Siocled
Egg	Wy
Eggplant	Eggplant
Fish	Pysgod
Grape	Grawnwin
Ham	Ham
Kiwi	Ciwi
Mushroom	Madarch
Rice	Reis
Tomato	Tomato
Wheat	Gwenith
Yogurt	Iogwrt

Force and Gravity
Heddlu a Disgyrchiant

Axis	Echel
Center	Canol
Discovery	Darganfyddiad
Distance	Pellter
Dynamic	Dynamig
Expansion	Ehangu
Friction	Ffrithiant
Impact	Effaith
Magnetism	Magneteg
Magnitude	Maint
Mechanics	Mecaneg
Momentum	Momentwm
Motion	Cynnig
Orbit	Orbit
Physics	Ffiseg
Pressure	Pwysau
Properties	Eiddo
Speed	Cyflymder
Time	Amser
Universal	Cyffredinol

Fruit
Ffrwythau

Apple	Afal
Apricot	Bricyll
Avocado	Afocado
Banana	Banana
Berry	Aeron
Cherry	Ceirios
Coconut	Cnau Coco
Fig	Ffig
Grape	Grawnwin
Guava	Guava
Kiwi	Ciwi
Lemon	Lemon
Mango	Mango
Melon	Melon
Nectarine	Nectarine
Orange	Oren
Papaya	Papaia
Peach	Peach
Pear	Gellyg
Raspberry	Mafon

Garden
Gardd

Bench	Mainc
Bush	Llwyn
Fence	Ffens
Flower	Blodyn
Garage	Garej
Garden	Gardd
Grass	Glaswellt
Hammock	Hammock
Hose	Pibell
Lawn	Lawnt
Pond	Pwll
Porch	Cyntedd
Rake	Rhaca
Rocks	Creigiau
Shovel	Rhaw
Terrace	Teras
Trampoline	Trampolîn
Tree	Coed
Vine	Winwydd
Weeds	Chwyn

Geography
Daearyddiaeth

Altitude	Uchder
Atlas	Atlas
City	Dinas
Continent	Cyfandir
Country	Gwlad
Hemisphere	Hemisffer
Island	Ynys
Latitude	Lledred
Map	Map
Meridian	Meridian
Mountain	Mynydd
North	Gogledd
Ocean	Cefnfor
Region	Rhanbarth
River	Afon
Sea	Môr
South	De
Territory	Tiriogaeth
West	Gorllewin
World	Byd

Geology
Daeareg

Acid	Asid
Calcium	Calsiwm
Cavern	Ogof
Continent	Cyfandir
Coral	Cwrel
Crystals	Crisialau
Cycles	Cylchoedd
Earthquake	Daeargryn
Fossil	Ffosil
Geyser	Geyser
Lava	Lafa
Layer	Haen
Minerals	Mwynau
Molten	Tawdd
Plateau	Gwastad
Quartz	Cwarts
Salt	Halen
Stalactite	Stalactite
Stone	Carreg
Volcano	Llosgfynydd

Geometry
Geometreg

Angle	Ongl
Calculation	Cyfrifiad
Circle	Cylch
Curve	Gromlin
Diameter	Diamedr
Dimension	Dimensiwn
Equation	Hafaliad
Height	Uchder
Horizontal	Llorweddol
Logic	Rhesymeg
Mass	Màs
Median	Canolrif
Number	Rhif
Parallel	Cyfochrog
Proportion	Cyfran
Segment	Segment
Surface	Wyneb
Symmetry	Cymesuredd
Theory	Theori
Triangle	Triongl

Global Warming
Cynhesu Byd-Eang

Arctic	Arctig
Attention	Sylw
Climate	Hinsawdd
Crisis	Argyfwng
Data	Data
Development	Datblygu
Energy	Ynni
Environmental	Amgylcheddol
Future	Dyfodol
Gas	Nwy
Generations	Cenedlaethau
Government	Llywodraeth
Habitats	Cynefinoedd
Industry	Diwydiant
International	Rhyngwladol
Legislation	Deddfwriaeth
Now	Nawr
Populations	Poblogaethau
Scientist	Gwyddonydd
Temperatures	Tymheredd

Government
Llywodraeth

Citizenship	Dinasyddiaeth
Civil	Sifil
Constitution	Cyfansoddiad
Democracy	Democratiaeth
Discussion	Trafodaeth
District	Ardal
Equality	Cydraddoldeb
Independence	Annibyniaeth
Judicial	Barnwrol
Justice	Cyfiawnder
Law	Cyfraith
Leader	Arweinydd
Legal	Cyfreithiol
Liberty	Rhyddid
Monument	Heneb
Nation	Cenedl
Peaceful	Heddychlon
Speech	Araith
State	Wladwriaeth
Symbol	Symbol

Hair Types
Mathau o Wallt

Bald	Moel
Black	Du
Blond	Blond
Braided	Plethedig
Braids	Blethi
Brown	Brown
Colored	Lliw
Curls	Curls
Curly	Cyrliog
Dry	Sych
Gray	Llwyd
Healthy	Iach
Long	Hir
Shiny	Sgleiniog
Short	Byr
Silver	Arian
Soft	Meddal
Thick	Trwchus
Thin	Tenau
White	Gwyn

Health and Wellness #1
Iechyd a Lles # 1

Active	Gweithredol
Bacteria	Bacteria
Bones	Esgyrn
Clinic	Clinig
Doctor	Meddyg
Fracture	Twyll
Habit	Arfer
Height	Uchder
Hormones	Hormonau
Hunger	Newyn
Injury	Anaf
Medicine	Meddygaeth
Muscles	Cyhyrau
Nerves	Nerfau
Pharmacy	Fferyllfa
Reflex	Atgyrch
Relaxation	Ymlacio
Skin	Croen
Therapy	Therapi
Treatment	Triniaeth

Health and Wellness #2
Iechyd a Lles # 2

Allergy	Alergedd
Anatomy	Anatomeg
Appetite	Archwaeth
Blood	Gwaed
Calorie	Calori
Dehydration	Diffyg
Diet	Deiet
Disease	Clefyd
Energy	Ynni
Genetics	Geneteg
Healthy	Iach
Hospital	Ysbyty
Hygiene	Hylendid
Infection	Haint
Massage	Tylino
Nutrition	Maeth
Recovery	Adfer
Stress	Straen
Vitamin	Fitamin
Weight	Pwysau

Herbalism
Llysieuol

Aromatic	Aromatig
Basil	Basil
Beneficial	Buddiol
Culinary	Coginio
Fennel	Ffenigl
Flavor	Blas
Flower	Blodyn
Garden	Gardd
Garlic	Garlleg
Green	Gwyrdd
Ingredient	Cynhwysion
Lavender	Lafant
Marjoram	Marjoram
Mint	Bathdy
Oregano	Oregano
Parsley	Persli
Plant	Planhigion
Rosemary	Rhosmar
Saffron	Saffrwm
Tarragon	Taragon

Hiking
Heicio

Animals	Anifeiliaid
Boots	Esgidiau
Camping	Gwersylla
Cliff	Clogwyn
Climate	Hinsawdd
Guides	Canllawiau
Hazards	Peryglon
Heavy	Trwm
Map	Map
Mountain	Mynydd
Nature	Natur
Orientation	Cyfeiriad
Parks	Parciau
Preparation	Paratoi
Stones	Cerrig
Sun	Haul
Tired	Flinedig
Water	Dŵr
Weather	Tywydd
Wild	Gwyllt

House
Tŷ

Attic	Atig
Broom	Banadl
Curtains	Llenni
Door	Drws
Fence	Ffens
Fireplace	Lle Tân
Floor	Llawr
Furniture	Dodrefn
Garage	Garej
Garden	Gardd
Keys	Allweddi
Kitchen	Cegin
Lamp	Lamp
Library	Llyfrgell
Mirror	Drych
Roof	To
Room	Ystafell
Shower	Cawod
Wall	Wal
Window	Ffenestr

Human Body
Corff Dynol

Ankle	Ffêr
Blood	Gwaed
Bones	Esgyrn
Brain	Ymennydd
Chin	Ên
Ear	Clust
Elbow	Penelin
Face	Wyneb
Finger	Bys
Hand	Llaw
Head	Pen
Heart	Galon
Knee	Pen-Glin
Leg	Coes
Lips	Gwefusau
Mouth	Geg
Neck	Gwddf
Nose	Trwyn
Shoulder	Ysgwydd
Skin	Croen

Jazz
Jazz

Album	Albwm
Applause	Cymeradwyaeth
Artist	Artist
Composer	Cyfansoddwr
Composition	Cyfansoddiad
Concert	Cyngerdd
Drums	Drymiau
Emphasis	Pwyslais
Famous	Enwog
Favorites	Ffefrynnau
Improvisation	Byrfyfyr
Music	Cerddoriaeth
New	Newydd
Old	Hen
Orchestra	Cerddorfa
Rhythm	Rhythm
Song	Cân
Style	Arddull
Talent	Talent
Technique	Techneg

Kitchen
Cegin

Apron	Ffedog
Bowl	Bowl
Chopsticks	Chopsticks
Cups	Cwpanau
Food	Bwyd
Forks	Ffyrc
Freezer	Rhewgell
Grill	Gril
Jar	Jar
Jug	Jwg
Kettle	Tegell
Knives	Cyllyll
Ladle	Lletwad
Napkin	Napcyn
Oven	Popty
Recipe	Rysáit
Refrigerator	Oergell
Spices	Sbeisys
Sponge	Noddi
Spoons	Llwyau

Landscapes
Tirweddau

Beach	Traeth
Cave	Ogof
Desert	Anialwch
Geyser	Geyser
Glacier	Rhewlif
Hill	Bryn
Iceberg	Mynydd lâ
Island	Ynys
Lake	Llyn
Mountain	Mynydd
Oasis	Werddon
Ocean	Cefnfor
Peninsula	Penrhyn
River	Afon
Sea	Môr
Swamp	Gors
Tundra	Tundra
Valley	Dyffryn
Volcano	Llosgfynydd
Waterfall	Rhaeadr

Literature
Llenyddiaeth

Analogy	Cyfatebiaeth
Analysis	Dadansoddiad
Anecdote	Chwedl
Author	Awdur
Biography	Bywgraffiad
Comparison	Cymhariaeth
Conclusion	Casgliad
Description	Disgrifiad
Dialogue	Deialog
Fiction	Ffuglen
Metaphor	Trosiad
Narrator	Adroddwr
Novel	Nofel
Poem	Cerdd
Poetic	Barddonol
Rhyme	Odl
Rhythm	Rhythm
Style	Arddull
Theme	Thema
Tragedy	Drychineb

Mammals
Mamaliaid

Bear	Arth
Beaver	Afanc
Bull	Tarw
Cat	Cath
Coyote	Coyote
Dog	Ci
Dolphin	Dolffin
Elephant	Eliffant
Fox	Llwynog
Giraffe	Jiraff
Gorilla	Gorila
Horse	Ceffyl
Kangaroo	Kangaroo
Lion	Llew
Monkey	Mwnci
Rabbit	Cwningen
Sheep	Defaid
Whale	Morfil
Wolf	Blaidd
Zebra	Sebra

Math
Mathemateg

Angles	Onglau
Arithmetic	Rhifyddeg
Circumference	Cylchedd
Decimal	Degol
Diameter	Diamedr
Equation	Hafaliad
Fraction	Ffracsiwn
Geometry	Geometreg
Numbers	Rhifau
Parallel	Cyfochrog
Parallelogram	Paralelogram
Perimeter	Amfesur
Polygon	Polygon
Radius	Radiws
Rectangle	Petryal
Square	Sgwâr
Sum	Swm
Symmetry	Cymesuredd
Triangle	Triongl
Volume	Cyfrol

Measurements
Mesuriadau

Byte	Beit
Centimeter	Canolfan
Decimal	Degol
Degree	Gradd
Depth	Dyfnder
Gram	Gram
Height	Uchder
Inch	Modfedd
Kilogram	Cilogram
Length	Hyd
Liter	Litr
Mass	Màs
Meter	Mesurydd
Minute	Munud
Ounce	Owns
Pint	Peint
Ton	Tunnell
Volume	Cyfrol
Weight	Pwysau
Width	Lled

Meditation
Myfyrdod

Acceptance	Derbyn
Awake	Effro
Breathing	Anadlu
Calm	Dawel
Clarity	Eglurder
Compassion	Tosturi
Emotions	Emosiynau
Gratitude	Diolchgarwch
Habits	Arferion
Kindness	Caredigrwydd
Mental	Meddyliol
Mind	Meddwl
Movement	Symudiad
Music	Cerddoriaeth
Nature	Natur
Peace	Heddwch
Perspective	Safbwynt
Silence	Distawrwydd
Thoughts	Meddyliau
To Learn	I Ddysgu

Music
Cerddoriaeth

Album	Albwm
Ballad	Baled
Chorus	Corws
Classical	Clasurol
Eclectic	Eclectig
Harmonic	Harmonig
Harmony	Harmoni
Lyrical	Telynegol
Melody	Alaw
Microphone	Meicroffon
Musical	Cerddorol
Musician	Cerddor
Opera	Opera
Poetic	Barddonol
Recording	Cofnodi
Rhythm	Rhythm
Rhythmic	Rhythmig
Sing	Canu
Singer	Canwr
Vocal	Lleisiol

Mythology
Mytholeg

Behavior	Ymddygiad
Beliefs	Credoau
Creation	Creu
Creature	Creadur
Culture	Diwylliant
Deities	Duwiau
Disaster	Trychineb
Heaven	Nefoedd
Hero	Arwr
Immortality	Anfarwoldeb
Jealousy	Cenfigen
Labyrinth	Labyrinth
Legend	Chwedl
Lightning	Mellt
Monster	Anghenfil
Mortal	Marwol
Revenge	Dial
Strength	Cryfder
Thunder	Meddwl
Warrior	Rhyfelwr

Nature
Natur

Animals	Anifeiliaid
Arctic	Arctig
Beauty	Harddwch
Bees	Gwenyn
Cliffs	Clogwyni
Clouds	Cymylau
Desert	Anialwch
Dynamic	Dynamig
Fog	Niwl
Foliage	Dail
Forest	Coedwig
Glacier	Rhewlif
Mountains	Mynyddoedd
Peaceful	Heddychlon
River	Afon
Sanctuary	Cysegr
Serene	Tawel
Tropical	Trofannol
Vital	Hanfodol
Wild	Gwyllt

Nutrition
Maeth

Appetite	Archwaeth
Balanced	Cytbwys
Bitter	Chwerw
Calories	Galorïau
Carbohydrates	Carbohydradau
Diet	Deiet
Digestion	Treuliad
Edible	Bwytadwy
Fermentation	Eplesu
Flavor	Blas
Habits	Arferion
Health	Iechyd
Healthy	Iach
Nutrient	Maeth
Proteins	Proteinau
Quality	Ansawdd
Sauce	Saws
Toxin	Gwenwyn
Vitamin	Fitamin
Weight	Pwysau

Ocean
Cefnfor

Algae	Algâu
Coral	Cwrel
Crab	Cranc
Dolphin	Dolffin
Eel	Llysywod
Fish	Pysgod
Jellyfish	Sglefrod Môr
Octopus	Octopws
Oyster	Wystrys
Salt	Halen
Seaweed	Gwymon
Shark	Siarc
Shrimp	Berdys
Sponge	Noddi
Storm	Storm
Tides	Llanw
Tuna	Tiwna
Turtle	Crwban
Waves	Tonnau
Whale	Morfil

Philanthropy
Dyngarwch

Challenges	Heriau
Charity	Elusen
Children	Plant
Community	Cymuned
Contacts	Cysylltiadau
Finance	Cyllid
Funds	Cronfeydd
Generosity	Haelioni
Global	Byd-Eang
Goals	Nodau
Groups	Grwpiau
History	Hanes
Honesty	Gonestrwydd
Humanity	Dynoliaeth
Mission	Cenhadaeth
Need	Angen
People	Pobl
Programs	Rhaglenni
Public	Cyhoeddus
Youth	Ieuenctid

Physics
Ffiseg

Acceleration	Cyflymiad
Atom	Atom
Chaos	Anhrefn
Chemical	Cemegol
Density	Dwysedd
Electron	Electron
Engine	Peiriant
Expansion	Ehangu
Formula	Fformiwla
Frequency	Amlder
Gas	Nwy
Magnetism	Magneteg
Mass	Màs
Mechanics	Mecaneg
Molecule	Moleciwl
Nuclear	Niwclear
Particle	Gronynnau
Relativity	Ymlacio
Speed	Cyflymder
Universal	Cyffredinol

Plants
Planhigion

Bamboo	Bambŵ
Bean	Ffa
Berry	Aeron
Botany	Llysieueg
Bush	Llwyn
Cactus	Cactus
Fertilizer	Gwrtaith
Flora	Flora
Flower	Blodyn
Foliage	Dail
Forest	Coedwig
Garden	Gardd
Grass	Glaswellt
Ivy	Eiddew
Moss	Mwsogl
Petal	Petal
Root	Gwraidd
Stem	Stem
Tree	Coed
Vegetation	Llystyfiant

Professions #1
Proffesiynau # 1

Ambassador	Llysgennad
Astronomer	Seryddwr
Attorney	Twrnai
Banker	Banciwr
Cartographer	Cartographer
Coach	Hyfforddwr
Dancer	Dawnsiwr
Doctor	Meddyg
Editor	Golygydd
Geologist	Daearegwr
Hunter	Helwyr
Jeweler	Gemydd
Musician	Cerddor
Nurse	Nyrs
Pianist	Pianydd
Plumber	Plymwr
Psychologist	Seicolegydd
Sailor	Morwr
Tailor	Teiliwr
Veterinarian	Milfeddyg

Professions #2
Proffesiynau # 2

Astronaut	Gofodwr
Biologist	Biolegydd
Dentist	Deintydd
Detective	Ditectif
Engineer	Peiriannydd
Farmer	Ffermwr
Gardener	Garddwr
Illustrator	Darlunydd
Inventor	Dyfeisiwr
Journalist	Newyddiadurwr
Librarian	Llyfrgellydd
Linguist	Ieithydd
Painter	Peintiwr
Philosopher	Athronydd
Photographer	Ffotograffydd
Physician	Meddyg
Pilot	Peilot
Researcher	Ymchwilydd
Surgeon	Llawfeddyg
Teacher	Athro

Psychology
Seicoleg

Assessment	Asesiad
Behavior	Ymddygiad
Childhood	Plentyndod
Clinical	Clinigol
Cognition	Gwybyddiaeth
Conflict	Gwrthdaro
Dreams	Breuddwydion
Ego	Ego
Emotions	Emosiynau
Experiences	Profiadau
Ideas	Syniadau
Influences	Dylanwadau
Perception	Canfyddiad
Personality	Personoliaeth
Problem	Broblem
Reality	Realiti
Sensation	Teimlad
Therapy	Therapi
Thoughts	Meddyliau
Unconscious	Anymwybodol

Rainforest
Fforestydd Glaw

Amphibians	Amffibiaid
Birds	Adar
Botanical	Botanegol
Climate	Hinsawdd
Clouds	Cymylau
Community	Cymuned
Diversity	Amrywiaeth
Indigenous	Cynhenid
Insects	Pryfed
Jungle	Jyngl
Mammals	Mamaliaid
Moss	Mwsogl
Nature	Natur
Preservation	Cadwraeth
Refuge	Lloches
Respect	Parch
Restoration	Adfer
Species	Rhywogaethau
Survival	Goroesi
Valuable	Gwerthfawr

Science
Gwyddoniaeth

Atom	Atom
Chemical	Cemegol
Climate	Hinsawdd
Data	Data
Evolution	Esblygiad
Experiment	Arbrawf
Fact	Ffaith
Fossil	Ffosil
Gravity	Disgyrchiant
Hypothesis	Ddamcaniaeth
Laboratory	Labordy
Method	Dull
Minerals	Mwynau
Molecules	Moleciwlau
Nature	Natur
Organism	Organeb
Particles	Gronynnau
Physics	Ffiseg
Plants	Planhigion
Scientist	Gwyddonydd

Science Fiction
Ffuglen Gwyddoniaeth

Atomic	Atomig
Books	Llyfrau
Chemicals	Cemegau
Cinema	Sinema
Dystopia	Dystopia
Explosion	Ffrwydrad
Extreme	Eithafol
Fantastic	Gwych
Fire	Tân
Futuristic	Dyfodolaidd
Galaxy	Galaeth
Illusion	Rhith
Imaginary	Dychmygol
Mysterious	Dirgel
Oracle	Oracle
Planet	Blaned
Robots	Robotiaid
Technology	Technoleg
Utopia	Utopia
World	Byd

Scientific Disciplines
Ddisgyblaethau Gwyddonol

Anatomy	Anatomeg
Archaeology	Archaeoleg
Astronomy	Seryddiaeth
Biochemistry	Biocemeg
Biology	Bioleg
Botany	Llysieueg
Chemistry	Cemeg
Ecology	Ecoleg
Geology	Daeareg
Immunology	Imiwnoleg
Kinesiology	Kinesiology
Linguistics	Ieithyddiaeth
Mechanics	Mecaneg
Meteorology	Meteoroleg
Mineralogy	Mwynglawdd
Neurology	Niwroleg
Physiology	Ffisioleg
Psychology	Seicoleg
Sociology	Cymdeithaseg
Zoology	Milofyddiaeth

Spices
Sbeisys

Anise	Anise
Bitter	Chwerw
Cardamom	Cardamom
Cinnamon	Sinamon
Clove	Ewin
Coriander	Coriander
Cumin	Cwmin
Curry	Cyri
Fennel	Ffenigl
Flavor	Blas
Garlic	Garlleg
Ginger	Sinsir
Licorice	Licorice
Nutmeg	Nytmeg
Onion	Union
Paprika	Paprika
Saffron	Saffrwm
Salt	Halen
Sweet	Melys
Vanilla	Fanila

Sport
Chwaraeon

Ability	Gallu
Athlete	Mabolgampwr
Body	Corff
Bones	Esgyrn
Coach	Hyfforddwr
Cycling	Beicio
Dancing	Dawnsio
Diet	Deiet
Endurance	Dygnwch
Goal	Nod
Health	Iechyd
Jogging	Loncian
Maximize	Wneud y Gorau
Metabolic	Metabolig
Muscles	Cyhyrau
Nutrition	Maeth
Program	Rhaglen
Sports	Chwaraeon
Strength	Cryfder
To Swim	I Nofio

The Company
Y Cwmni

Business	Busnes
Creative	Creadigol
Decision	Penderfyniad
Employment	Cyflogaeth
Global	Byd-Eang
Industry	Diwydiant
Innovative	Arloesol
Investment	Buddsoddiad
Possibility	Posibilrwydd
Presentation	Cyflwyniad
Product	Cynnyrch
Professional	Proffesiynol
Progress	Cynnydd
Quality	Ansawdd
Reputation	Enw Da
Resources	Adnoddau
Revenue	Refeniw
Risks	Risgiau
Trends	Tueddiadau
Units	Unedau

The Media
Y Cyfryngau

Advertisements	Hysbysebion
Attitudes	Agweddau
Commercial	Masnachol
Communication	Cyfathrebu
Digital	Digidol
Edition	Argraffiad
Education	Addysg
Facts	Ffeithiau
Funding	Cyllid
Images	Delweddau
Individual	Unigol
Industry	Diwydiant
Intellectual	Deallusol
Local	Lleol
Magazines	Cylchgronau
Network	Rhwydwaith
Online	Ar-Lein
Opinion	Barn
Public	Cyhoeddus
Radio	Radio

Time
Amser

Annual	Blynyddol
Before	Cyn
Calendar	Calendr
Century	Canrif
Clock	Cloc
Day	Dydd
Decade	Degawd
Early	Yn Gynnar
Future	Dyfodol
Hour	Awr
Minute	Munud
Month	Mis
Morning	Bore
Night	Nos
Noon	Hanner Dydd
Now	Nawr
Soon	Yn Fuan
Today	Heddiw
Week	Wythnos
Year	Blwyddyn

To Fill
I Llenwch

Bag	Bag
Barrel	Gasgen
Basin	Basn
Basket	Basged
Bottle	Potel
Box	Blwch
Bucket	Bwced
Carton	Carton
Crate	Cawell
Drawer	Drôr
Envelope	Amlen
Folder	Ffolder
Jar	Jar
Packet	Pecyn
Pocket	Poced
Suitcase	Cês
Tray	Hambwrdd
Tub	Twb
Tube	Tiwb
Vase	Vase

Town
Y Dref

Airport	Maes Awyr
Bakery	Becws
Bank	Banc
Bookstore	Siop Lyfrau
Cinema	Sinema
Clinic	Clinig
Florist	Siop Flodau
Gallery	Oriel
Hotel	Gwesty
Library	Llyfrgell
Market	Farchnad
Museum	Amgueddfa
Pharmacy	Fferyllfa
School	Ysgol
Stadium	Stadiwm
Store	Siop
Supermarket	Archfarchnad
Theater	Theatr
University	Prifysgol
Zoo	Sw

Universe
Bydysawd

Asteroid	Asteroid
Astronomer	Seryddwr
Astronomy	Seryddiaeth
Atmosphere	Awyrgylch
Celestial	Nefol
Cosmic	Cosmig
Darkness	Tywyllwch
Eon	Eon
Galaxy	Galaeth
Hemisphere	Hemisffer
Horizon	Gorwel
Latitude	Lledred
Moon	Lleuad
Orbit	Orbit
Sky	Awyr
Solar	Solar
Solstice	Ateb
Telescope	Telesgop
Visible	Gweladwy
Zodiac	Sidydd

Vacation #2
Yn Ystod y Gwyliau #2

Airport	Maes Awyr
Beach	Traeth
Camping	Gwersylla
Destination	Cyrchfan
Foreign	Tramor
Foreigner	Estron
Holiday	Gwyliau
Hotel	Gwesty
Island	Ynys
Journey	Taith
Leisure	Hamdden
Map	Map
Mountains	Mynyddoedd
Passport	Pasbort
Sea	Môr
Taxi	Tacsi
Tent	Pabell
Train	Trên
Transportation	Cludiant
Visa	Fisa

Vegetables
Llysiau

Artichoke	Artisiog
Broccoli	Brocoli
Carrot	Moron
Cauliflower	Blodfresych
Celery	Seleri
Cucumber	Ciwcymbr
Eggplant	Eggplant
Garlic	Garlleg
Ginger	Sinsir
Mushroom	Madarch
Olive	Olewydd
Onion	Union
Parsley	Persli
Pea	Pys
Pumpkin	Pwmpen
Radish	Radish
Salad	Salad
Spinach	Sbigoglys
Tomato	Tomato
Turnip	Maip

Vehicles
Cerbydau

Airplane	Awyren
Ambulance	Ambiwlans
Bicycle	Beic
Boat	Cwch
Bus	Bws
Car	Car
Caravan	Carafan
Engine	Peiriant
Ferry	Fferi
Helicopter	Hofrennydd
Motor	Modur
Raft	Llu
Rocket	Roced
Scooter	Sgwter
Submarine	Llong Danfor
Subway	Isffordd
Taxi	Tacsi
Tires	Tirion
Tractor	Tractor
Truck	Lori

Weather
Tywydd

Atmosphere	Awyrgylch
Breeze	Awel
Climate	Hinsawdd
Cloud	Cwmwl
Drought	Sychder
Dry	Sych
Fog	Niwl
Hurricane	Corwynt
Ice	Iâ
Lightning	Mellt
Monsoon	Monsŵn
Polar	Polar
Rainbow	Enfys
Sky	Awyr
Storm	Storm
Temperature	Tymheredd
Thunder	Taranau
Tornado	Tornado
Tropical	Trofannol
Wind	Gwynt

Congratulations

You made it!

We hope you enjoyed this book as much as we enjoyed making it. We do our best to make high quality games.
These puzzles are designed in a clever way for you to learn actively while having fun!

Did you love them?

A Simple Request

Our books exist thanks your reviews. Could you help us by leaving one now?

Here is a short link which will take you to your order review page:

BestBooksActivity.com/Review50

MONSTER CHALLENGE!

Challenge #1

Ready for Your Bonus Game? We use them all the time but they are not so easy to find. Here are **Synonyms**!

Note 5 words you discovered in each of the Puzzles noted below (#21, #36, #76) and try to find 2 synonyms for each word.

Note 5 Words from *Puzzle 21*

Words	Synonym 1	Synonym 2

Note 5 Words from *Puzzle 36*

Words	Synonym 1	Synonym 2

Note 5 Words from *Puzzle 76*

Words	Synonym 1	Synonym 2

Challenge #2

Now that you are warmed-up, note 5 words you discovered in each Puzzle
noted below (#9, #17, #25) and try to find 2 antonyms for each word.
How many lines can you do in 20 minutes?

Note 5 Words from *Puzzle 9*

Words	Antonym 1	Antonym 2

Note 5 Words from *Puzzle 17*

Words	Antonym 1	Antonym 2

Note 5 Words from *Puzzle 25*

Words	Antonym 1	Antonym 2

Challenge #3

Wonderful, this monster challenge is nothing to you!

Ready for the last one? Choose your 10 favorite words discovered in any of the Puzzles and note them below.

1.	6.
2.	7.
3.	8.
4.	9.
5.	10.

Now, using these words and within a maximum of six sentences, your challenge is to compose a text about a person, animal or place that you love!

Tip: You can use the last blank page of this book as a draft!

Your Writing:

Explore a Unique Store
Set Up **FOR YOU!**

MEGA DEALS

BestActivityBooks.com/**TheStore**

Designed for Entertainment!

Light Up Your Brain With Unique **Gift Ideas**.

Access **Surprising** And **Essential Supplies!**

CHECK OUT OUR MONTHLY SELECTION NOW!

- Expertly Crafted Products -

NOTEBOOK:

SEE YOU SOON!

Linguas Classics Team

ENJOY FREE GAMES

NOW ON

↓

BESTACTIVITYBOOKS.COM/FREEGAMES